方　图

四方图志·心安一隅

连中国 编著

非一般的作文课

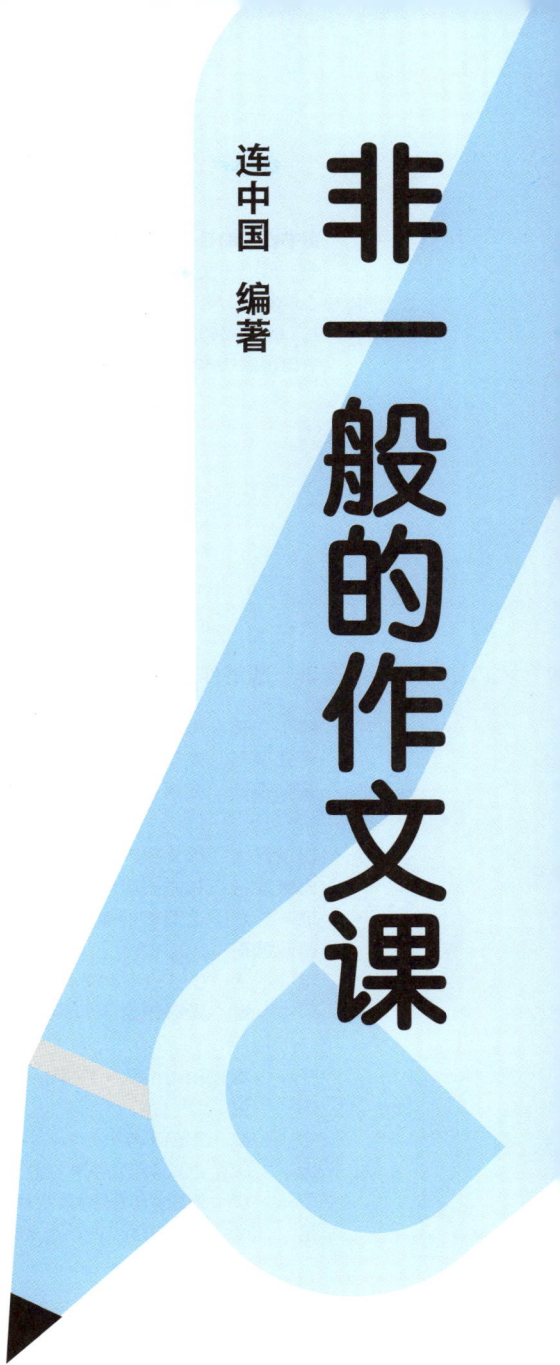

中国出版集团
东方出版中心

图书在版编目（CIP）数据

非一般的作文课 / 连中国编著. -- 上海 ： 东方出
版中心，2024. 7. -- ISBN 978-7-5473-2498-1

Ⅰ．G634.343

中国国家版本馆CIP数据核字第202466CH01号

非一般的作文课

编　　著　连中国
责任编辑　朱荣所　王　婷
装帧设计　张景春

出 版 人　陈义望
出版发行　东方出版中心
地　　址　上海市仙霞路345号
邮政编码　200336
电　　话　021-62417400
印 刷 者　溧阳市金宇包装印刷有限公司

开　　本　880mm×1240mm 1/32
印　　张　17
字　　数　236千字
版　　次　2024年8月第1版
印　　次　2024年8月第1次印刷
定　　价　88.00元

本书系北京市教育科学"十四五"规划2022年度一般课题"'双减'政策背景下中学语文作文教学主要困境及改进策略研究"（编号CDDB22156）阶段性成果。

编著者

连中国

参与编写人员

王晓岚	江孝阳	郑　弘	姜　健	迟　旭	那　妮
吴雨晴	廖　瑾	张海岩	徐翔宇	郅　彤	姚咏梅
黄　玲	陈惠莲	吴子玉	尹　芳	张维维	韩　博
陈晓雨	任　萍	曹　帅	李雪菲	许　璐	

目录

台阶 1

写作应有少年气象

写法，也是活法

名师指导

○ 摒弃虚假文风，表现本真生命

○ 拓宽写作选材，重新认识生活

○ 激发生命意识，表达生命思考

扫二维码
听名师讲解

📝 写作困境

　　曾国藩教育他的孩子："少年文字，总贵气象峥嵘。"这句话提醒我们，青少年笔下的文字也应该如这个年纪一般，纯真、美好、有活力、充满豪气。的确，少年时期是人生中最畅快、最恣意的年华，率性自然、朝气蓬勃、意气风发，整个人都是英姿勃发的状态。但从许多同学的文字中，却很难感受到这种朝气，不少作文往往会堆砌华丽的辞藻，使用矫揉造作的修辞，甚至有一些不切实际的编造，这样的作文失去了我手写我心、表情达意的初衷，缺乏少年应该具有的鲜活的生命气象。

其中的原因在于，同学们在考试的压力之下，为了在短短的45分钟内写出一篇高分作文——作文就像是工厂流水线上的重要"产品"，需要迎合作文评分标准的检验——不敢随心所欲地表达自己的真情实感。而不少老师在作文教学中，也忽略了对学生个人进行审美、文化、情感上的渗透，只注重教授写作技巧，在课堂上更多地教同学们如何开头，怎么展开，怎样结尾，怎么引材，如何点题，如何制造亮点，如何做到构思新、奇、巧，等等。许多作文辅导书甚至会推广作文速成公式，把写作看成是可以模式化、标准化套用的公式。这种以考场标准化作文为导向的写作风气，导致许多同学上了多年的语文课，写了多年的作文，依然不会写作，写出来的作文没有灵魂和血肉，既不能反映当代青少年应有的精神面貌和思想厚度，也没有现代生活中个体应该拥有的生活体验，缺乏生命律动。

🎯 核心指要

　　写作如何突破陈旧套路，用鲜活的生活语言表达独特发现，让笔下呈现少年气象？我们可以尝试从以下几个方面来做出改变。

1. 着眼火热的日常生活

　　著名教育家陶行知曾经说过："生活即教育，过什么样的生活，便是受什么样的教育。"写作亦是如此，生活越丰富，能书写的内容也就越丰富。所以，写作状态的改变首先需要生活状态的改变。我们要关注日常生活，以饱满的热情投入火热的生活，把自己从封闭狭小的圈子里解放出来。在条件允许的情况下，我们可以走向社会，感受家乡特有的人情风物，体验不同地区的民俗文化，了解社会日新月异的变化；我们也可以走向大自然，赏名山大川的魅力，望长河落日的雄浑，看星辰大海的壮阔……当把目光从书本移向火热的生活，我们就会逐渐学会全方位地接收信息并养成认真思考的习惯。我们只有认真观察、感受和体验生活，打开思维视野，丰富内心的情感体验，感受生活的意义，才能做到有感而发，让表达成为自己情感和思想的真实流露，我们的生命才能够更加真诚、自信、激昂。写作意识的觉醒，其实是生命意识的觉醒。

2. 随时记录生活点滴

不知你有没有这样的经历：本来心中有许多的话语，但一提笔，想到的是作文评分标准——选材要新颖，语言要优美，结构要紧凑，构思要巧妙，立意要深刻……每一个要求就像一座大山，还没有动笔，我们已经匍匐在大山脚下，不知所措，就不再有写作的欲望了。其实，在我看来，写作最重要的不是写作的技巧，而是生命触动后的写作冲动，是主动记录自己情感震动和生命感悟的强烈渴望，所以我们要卸下心灵枷锁，大胆表达，敢想敢写，嬉笑怒骂皆成文章。快乐时用文字记录，可以放大自己的快乐；情绪低落时用文字宣泄，能够疗愈内心的烦恼和失落；灵光乍现时用文字捕捉，会更好地梳理自己的想法。不用考虑太多的条条框框，我们就是为自己而写作，记录下自己点点滴滴的生活、细细碎碎的思想；放开手脚进行书写，把创作变成自己生命的重要组成部分。在创作中去感悟和探索，把创作变成自己的思维形式、生活方式，不但可以形成有意义的思考，而且可以在思考过程中积累宝贵的人生体验。通过写作，你会发现，你可以成为自己生命语言的主体，诉说自己想要表达的感受，书写自己真正的内心世界，你的思想也会逐渐走向成熟。

3. 通过写作提升自我

同学们还应注意到，写作是生活的一部分，但并不意味着写作就只是对生活琐事的如实记录。写作首先是写我们头脑中已知的东西，但写作时也会涌现新的想法，这些想法并不是凭空而来的，而是潜藏于自己内心的已有经验，写作可以把它们点燃，让它们浮现，让它们生长壮大，然后变得完整。脑海中的各种想法因写作而交织成网，这就让我们在写作中重新认识生活，重新对自我进行审视，逐渐形成审美的人生态度。通过自己的文字，你会发现琐碎生活中的小确幸①，看到平

————————————
① 小确幸，网络用语，意思是心中隐约期待的小事刚刚好发生在自己身上的那种微小而确实的幸福。

常生活中的独特风景；生命中的美好瞬间被定格，幸福滋味被铭记；生活中的失意和痛苦也被文字消融，沉淀为成长的基石，最终加深了思维的深度，促进了自我的成长。

典型案例

（一）作文第一稿

我的梦想

李威琦

梦想是灯塔，指引着船只远航的目标；梦想是曙光，点亮夜行者的道路；梦想是大漠中的一眼甘泉，让干渴的行者看到生的希望；梦想是石，敲出星星之火；梦想是火，点亮熄灭的灯；梦想是光，照亮前进的路；梦想是路，指引你走向黎明。

我的梦想，是在篮球方面超越我的一位同学——嘉瑞。这个梦想源于我与他的第一次单挑。

当时，我们刚升入初中，在互相了解了爱好后，我们在一天中午进行了一次单挑。虽然当时我们都不了解对方的打法，但正常人都看得出来，是我占劣势，因为他和我的体形相比，就像老鹰打兔子、大象打斑马一样。比赛开始，嘉瑞先利用身体优势强打内线，而我的防守就像纸片一样，不堪一击；我的进攻就更惨了，任何进攻手段在他的身高和臂展的压制下都毫无用处。

比赛结束，我失败了。从此，我下定决心，一定要赢嘉瑞。之后，我分析了我和他的技术和能力，发现我除了身体天赋，没有一项比他差，但就是这一项决定了我们的差距。我只能将技术练得更好。从此，我不再浪费一分一秒，一有时间就锻炼自己的技术与身体素质。直到八年级，终于，我的机会来了。由于长时间的沉淀，我的技术有了飞一样的突破。

我还是与嘉瑞相约在午后进行单挑。我率先开球，观察他的站位，再向前走了两步，在我已经练习过数万次的点，举球、顶肘、压腕，只见球在空中画出一条完美的抛物线，空心入网！进球换发，嘉瑞进攻。他还是强打篮下，可我今非昔比，扛下了他的进攻。接着，我紧跟他的脚步，在他转身后奋力一跳，封盖了他的球！我露出了淡淡的微笑，为自己的进步而骄傲。

　　是的，不要畏惧前途的艰难与困苦，不要过于在乎人生中的得与失，只要我们心中有梦想，只要将心中的梦想点亮。我们只需在梦想之中加上一份勤奋与努力，再添一些进取和拼搏，就可能将自己的梦想变成现实！

问 题 评 析

　　　　这篇作文重点描述了自己与同学的两次篮球单挑，经过自己的努力从失败到胜利的经历，从行文我们可以看出小作者对于篮球的热爱，对打篮球有着真切的体验。特别是在描写两次与同学的单挑时，比赛的过程写得行云流水，字里行间都透露着自己对篮球的热情。但作文也存在一些显而易见的问题：

　　第一，开头模式化、套路化。作文的开头运用一串与梦想相关的排比句，语言看似优美华丽，但实际上与自己的梦想并没有任何关系。这样的开头给我们似曾相识的感觉，它来自各种各样所谓的作文技巧指导，如开头反复提及关键词，运用表达相似、语词不变的排比句等，这些都以一种固定的模式呈现在我们眼前。这种呆板的模仿缺少创新性，事实上根本就不可能真正提高写作水准，反而使文字老气横秋、缺少活力，进入一个写作的死胡同。

　　第二，主体部分没有分清梦想与目标的区别。作文题目为"我的梦想"，梦想是在相对长远的一段时间内希望实现的人生理想，是自己心中热爱的并愿意为之付出努力的。而与梦想比较起来，目标相对理性和客观。为了实现梦想，人们会将梦想转变为具体的目标，对目标按照关键环节加以细分，使每一个目标逐步实现。文中的篮球单挑战胜同学是为了实现心中梦想而设立的一个短期目标，不能称之为梦想。

　　第三，详略安排问题。这篇作文两次单挑的过程写得非常细致，但中间自己为了梦想而努力拼搏的过程只是寥寥几笔，而这部分是与文章中心有密切联系的，应该作为重点，写得更加丰富一些，不能几句话简单带过。

第四，结尾的口号化问题。结尾口号式的升华，粗看文字优美，实则空洞虚伪，因过度抒情而让这样的结尾失去了真诚。

提升建议

第一，梦想必然源于内心的情感。确立梦想是自己内心深刻情感的激发，实现理想是强大情感力量的推动，梦想的暂时受挫是内心情感的压抑，重新扬起梦想的翅膀是内心情感再次被唤醒。拼搏的汗水、成功的喜悦、失败的泪水都基于内心深层的情感体验。因为情感的支撑和变化是贯串梦想实现的一条主线，所以我们应该首先了解并确定梦想是什么。作者李威琦同学说自己喜欢篮球，希望将来能成为一名篮球运动员或者教练员，初中阶段最希望实现的目标是代表学校参加市区篮球联赛，因此在作文中可将梦想调整为相对更高远的目标——进入校篮球队。

第二，开头用篮球经典动作引入，会更具行动感、现场感，从而自然而然地流露出作者的梦想。这与用程式化的语言引出理念化的梦想相比，不仅简洁了不少，也显得更加朴素、真诚。

第三，实现梦想的过程应该更加丰富、具体。作者可以将梦想比作一粒种子，将自己通过努力一步一步向梦想靠近的过程与一粒种子的萌发、成长过程形成双线结构，使得构思更加巧妙、文字更加生动形象。作者也可以用更加生动细致的篮球比赛和篮球训练描写，使文字具有少年气息，更添感人的力量。

（二）作文第二稿

我的梦想

李威琦

转身、移动、跳投……每个动作都像跳跃的小音符，连成了一曲奋进的歌谣，激励着我朝目标前行。汗水在手背沁出，在烈日下仿若一颗颗晶莹的小珍珠，在那珍珠里又有一粒小小的种子在萌芽：我要成为学校篮球队的一员。

秋日，操场，夕阳渐渐褪成了浅绛，我开始了第一次追逐梦想的努力。如果在这次单挑中胜出，我就能顺利进入校队。我抽中的对手是嘉瑞，球队的大中锋。球场中间，他像小山般站在我面前，挡住了阳光，把我笼罩在一片阴影中。比赛刚一开始，他就紧逼上来，张开那粗壮的胳膊。我根本看不见篮筐，只能奋力一跳，随着位置上移，我终于能看见篮筐了，正准备出手时，一只大手赫然出现在我投篮轨迹的上空，只听见啪的一声，球被盖了下来。比赛结束，我失败了！我极力控制住了自己，强颜欢笑，可眼睛慢慢黯淡了，仿佛一阵骤然降落的寒雨，把心中的种子浇得奄奄一息。

可是，谁又能忽略种子的力量呢？不管境遇怎样，种子总会寻找生的途径和活的方法。没有消沉多久，我便又进行了练习。静下心来，我仔细揣摩着每一个动作，不断琢磨每一个技术要点，改进细节，直到做到最好。与篮球相伴的日子漫长而艰辛，执着而幸福。那些岁月，汗水与晨光相伴，却浸染出梦想的气息；疲惫与暮色相依，却勾画出理想的轮廓。豆大的汗珠从我脸上滑落，疲劳从微微发颤的手臂、僵硬的小腿逐渐传遍全身，身体越来越疲惫，意识越来越模糊，可目标却越来越明确——打赢对手，进入校队。这粒种子一直怀揣着开花的希望。

"立志欲坚不欲锐，成功在久不在速。"我终于等来了校队的第二次选拔。经过长时间的沉淀，我的技术有了飞一样的突破。这一次我还是与嘉瑞单挑，我从容地抱起球向前走了两步，猛地一个拖曳步晃过对手，在我已经投过数万次的点，举球、顶肘、压腕，只见球在空中画出一条完美的抛物线，空心入网。进球换发，嘉瑞进攻。他强打篮下，可我已经今非昔比了，在扛下他的一次对抗后，我跟上了他的脚步，并在他转身后奋力一跳。嘉瑞那如小山般的身躯，现在似乎也不是那么高不可攀了。我如同登山者，不断用汗水与努力去堆积高度，并去攀登那顶峰。终于，我触碰到了那山尖——我的半只手盖到了球。比分定格的那一刻，我嘴角上扬，露出淡淡的微笑，感觉有一种力量在心底悄悄滋长，似乎就要生出一抹浓浓的绿，这种绿的名字叫"拼搏"。

时间从来不语，但其展现的成果就能说明：通往梦想的桥梁是需要努力和拼搏去搭建的。为此，我们不需要每次都似有凌云壮志，而每次都懒懒散散地满不在乎，不然，最终那些豪言壮语会带着没有分量的行动飘向迷途。一粒小小的种子，只要用坚持不懈的毅力与一丝不苟的态度浇灌，最终会开出满园的春色。

文 心 闪 耀

修改后的作文成为一篇难得的佳作，主要有以下优点。

首先，以自己的生活为素材。作者选取自己热爱的篮球为题材，这并不算特别新颖的作文材料，但因为有了亲身的经历，有了真切的感受，写起来更到位，寻常事件也就变得光彩夺目。如"秋日，操场，夕阳……"等画面描绘极富生活气息；体现生命律动的一系列动词"转身""移动""跳投"等，勾勒出一幅充满活力和青春热情的画卷。

其次，情感的体验更为丰满而深刻。从推动梦想实现进程中的"跳跃的小音符"和"奋进的歌谣"，到第一次单挑失败后的"强颜欢笑""慢慢黯淡""骤然降落的寒雨""浇得奄奄一息"，再到最后挑战胜利后的"淡淡的微笑""有一种力量在心底悄悄滋长"，体现了梦想的力量，即青春的生命和情感的力量。细节毕现也是这篇作文的一大优点，"举球、顶肘、压腕"，对打篮球的描写不是停留在空洞的概述上，而是从具体细节入手，简练的动词好似镜头慢放，描绘出生活的点滴精彩，读来让人感觉充实又充满活力，将我们带入紧张的比赛现场。

再次，在语言的润色方面，句式整齐又富于变化。"那些岁月，汗水与晨光相伴，却浸染出梦想的气息；疲惫与暮色相依，却勾画出理想的轮廓。"整齐的句式，丰富了自己努力拼搏的过程，增加了文章的层次，文采斐然。"在我已经投过数万次的点，举球、顶肘、压腕，只见球在空中画出一条完美的抛物线，空心入网。"长句与短句交错使用，使文章有较强的节奏感，读起来朗朗上口，极富美感。

最后，将自己通过努力拼搏一步步实现梦想的过程与一粒种子的萌发过程形成双线的结构，构思巧妙。结尾"一粒小小的种子，只要用坚持不懈的毅力与一丝不苟的态度浇灌，最终会开出满园的春色"，巧妙地将双线合一，水到渠成地写出作者通过自己的经历和思考，感悟到独特的生活和生命体验，毫无矫揉之态，呈现少年气象。

📄 规律总结

写作的目的不是成为分数的附庸，写作也不是为了让别人满意，而是让自己幸福，是我们成长的需要。写作的外延就是我们无限广阔、丰富多彩的生活；写作的过程就是认识生命、体悟生活的过程。

1. 摒弃虚假文风，表现本真生命

理想的作文，首先应以"真"为核心，"真"的内涵就是真实的生活、敏感的心灵、朴实的情怀、真诚的反省以及真挚的思考，反对一切胡编乱造的臆想，反对一切虚情假意的赞美，反对一切言之无物的空洞评说。立意是生活的"真"提炼，素材是现实的"真"挖掘，语言是内心的"真"流露，细节是情感的"真"表现。我们把文字全部用"真"武装起来后，就不需要过多的技巧了。

2. 拓宽写作选材，重新认识生活

生活中，每一种遇见都是素材，都可以入文。我们要关注生活的点滴，凝视平常的生活，学会将自己生活的某个瞬间或者某种情绪、情感随时随地记录下来，并深化为个性化的写作素材与资源，以生活的方式写作文，表达自己的内心，真正地爱生活、爱写作，让写作融入生活，从而更快乐地生活。

对于初学写作的少年来说，广阔的写作空间、自由宽松的写作要求在言语生命意识的萌发阶段是无比珍贵的。写作是生活的一部分，并不意味着写作就是对生活琐事的如实记录和情景再现，而是在写作中逐渐形成审美的人生态度，用心感受生活，重新认识生活，思想逐渐成熟，具有更健全的人格。

3. 激发生命意识，表达生命思考

写作的历练和生命的历练是一样的。摒弃了各种伪包装的写作，能让写作者更加勇敢和坦诚，更加理性和智慧，写出自己的成长过程，描画自己的心路历程，个性化展露其精神，在记录生活的过程中审视自己、接纳自己、欣赏自己，从而热爱生命、尊重生命、体会生命的意义和价值，更加自信地面对明天。唤醒内心的写作激情，就是唤醒热爱生活的激情。我们的生命意识觉醒了，写作意识也就觉醒了；生命质量提升了，写作能力也就提升了。

本讲精要 ✏

语文只有根植于生活的土壤才会枝繁叶茂。我们应该从生活出发，从实际出发，从学校走出，去更广阔的空间学习，在生活中学习，在学习中更好地生活，从而获得鲜活的知识，并使情操得到真正的陶冶。如此，原汁原味的、纯粹的、具有生命活力的语文大课堂才会让生命更好地成长。

语文学习的重中之重——写作——更应如此，天地就是教室，生活就是课堂。每一个步伐都是积累，每一声欢呼都是抒情，每一次失意均是感悟。将自己生活、学习中容易忽略的细节转化为生动的故事与真实的感受，并达到迫切想要表达的状态，从而将之自然而然地转化成写作内容，这就为写作注入了"时代的活水"，让写作"生活化"。同时，写作能够让人感受到生命的尊严，感受到言语的张力，唤醒对言语的尊重与热爱，激发言语表达的欲望。

少年的眼里应藏下万丈光芒和星辰大海，少年的笔下应绘出青春意气和峥嵘气象。我们无须迎合苛刻的应试标准，写法就是活法，你怎么活就可以怎么写，你怎么写就怎么活。我们在少年的文章中，一定要听到生命的歌唱，哪怕是不太成熟的歌谣，它的价值也远远超过了无病呻吟和故弄玄虚。让那些燃烧的情感锻造出美丽的词句，散落在生命的角角落落，熔铸在少年的品格中；让我们的笔管汩汩流淌出个性化的思想和语言，使率真的思想与张扬的个性跃然纸上；让我们真正享受语言表达的快乐，真正唱出心灵深处最真实、最自由的歌。

台阶 2

以内在生命体验的真实成就更广阔的写作

记叙文如何走向广义的真实

名师指导

○ 困境：陷在狭义的『真实』里，造成虚假与雷同

○ 突破困境方法一：廓清『真实』，铺设开阔的道路

○ 突破困境方法二：不断实现成就自我的『真实』

○ 总结：唯有真诚才能让人心悦诚服

扫二维码
听名师讲解

✏ 写作困境

很多同学在写记叙文时常常陷在狭义的"真实"里，造成虚假与雷同；选材上总是反复使用或编造学校与家庭里的人或事，在写作时又没有真实的自我感受，从而陷入了题材俗套化、写作低幼化的困境，难以给人内心的触动。究其原因，其一，在应试作文中，写想象文的同学普遍较少且很多同学得分不高，在平时的学习中，有些老师为避免"风险"的出现，直接切断了学生写想象文的可能性，久而久之，同学们就对想象文产生了忌惮，认为写想象文就是"踩雷"。其二，有些老师认知的局限性也导致了学生认知的偏差，老师们常常跟学生说，写作文就是要写真人真事。这一要求将学生限制在了一定的写作框架和认知框架里。并且，同学们对于"真"的理解也停留在表层，即一定是写"我"身边的人，一定是写发生在"我"身上的事，甚至在没有自我经历的时候编造一个看似真实的故事，其中缺乏细腻的体察与真诚的感悟。基于上述原因，同学们的作文往往题材打不开，立意走不深，情味浸不浓。

核心指要

1. 廓清"真实"，铺设开阔的道路

何为"真实"？必须是"我"身边的人吗？必须是发生在"我"身上的事吗？写"我"和"我"的朋友就一定是真实的吗？写"我"和李白就一定是不真实的吗？如果以上答案皆为"是"的话，这恐怕就是一种狭义的"真实"，即所谓的客观事实。而广义的"真实"，则不必拘泥于某个真实存在的人，不必拘泥于某一段实

实在在的经历，它可以来自阅读的真实、体验的真实与思考的真实，只要我们与写作对象有了精神上的沟通与交流，产生了内在的生命体验，都可谓之真实。正如史铁生与地坛，那只能是史铁生的地坛，因为他不是在写一个普普通通的地坛公园，而是在写与地坛产生的精神上的对话，在写自己对生命的思考，所以露水才是他的露水，夕阳才是他的夕阳，雨燕才是他的雨燕。我们也要写出镌刻着自己生命体验的独一无二的形象、风景。

在课堂上，我们要学会重塑真实观。重塑真实观首先要强调真实，真实是作文的灵魂，行云流水的文章、闪耀光辉的语句都来自真实，那些经久不衰、打动人心的作品也都来自真实。而这种真实就是上述广义的"真实"。其次，我们也不应该对自己的写作设限，打开视野，拓宽思路，写出个性，写出多样，也许，一个优秀的小说家就藏在你的写作空间之中。例如这样一道作文题：请以"假如我与心中的英雄生活一天"为题，写一篇记叙文。"假如"就已经注定了事件的虚构性，但既然是"心中的英雄"，那就不是脱离现实的人物，写作者必然要对他的经历、性格、人品十分了解，这就是阅读的真实、感受的真实。

写作者要敢想敢写，努力打破思想的窠臼，写出自己独特的发现，闯出自我的一条路来。但创造不是编造，虚构也不是虚假，我们不能滑向天马行空、双腿离地的另一个极端。我们的文字中可以没有叙事主人公"我"的存在，但一定要有创作主体"我"的存在，从文章中可以读到观察者、共情者、思考者……也就是说，每篇文章的背后一定要站立着"人"。如鲁迅的《祝福》，除了文中那个想要逃离鲁镇的"我"，读者还能在描写中读出作者的影子，作者对祥林嫂的死给予深沉的哀悼，对祥林嫂的一生表露出深切的同情，对如祥林嫂一样的生命献出诚挚的祝福。这就是文章背后站立的"人"。

2. 不断实现成就自我的"真实"

如何实现成就自我的"真实"？

第一，可以随时记下对生活的体察与感悟。生活的点滴可以汇成写作的大海。如曹雪芹写《红楼梦》，抛开人物的各具情态，其中对服饰、饮食的描写就精细得令人叹服。可以想见，这绝不是他凭空捏造的，而是出自他对真实生活的细腻体察。所以，写作是脱离不了我们的生活、脱离不了我们的真实经历的。而在写作时，这种真实可以存在于任何地方，比如细节的真实、时间的真实、人物发展的真实等。日常的课堂、读书、旅行都可以成为写作的土壤，哪怕是一句话，我们都可以及时捕捉自己的灵感，使其成为长文写作的积淀。课堂的收获与感悟，读书的笔记与感想，旅途中的所见所闻所思都是我们唾手可得的日常，不能让这些宝贵的才思经由时光的沙漏就此流逝，而要让它们沉淀出文字的花朵、思想的基石，伴随我们一生。

第二，真实的精读会扩充一个人的内心世界。何为真实的精读？精读意味着不是泛览流观，不是比拼阅读的数量，而是走进文本之中，有最自我、最深刻的思考。无论是震撼于最纯粹的语言，还是共鸣于独特的情感经历，抑或是折服于崇高的人物精神，我们都可用笔与之发生关联，从最基础的圈点批注、读书札记再到感想随笔、论文写作，将我们的思考凝聚于笔端，获得阅读的升华。真实的精读，则是更进一步，与书相处，将文字浸透，甚至与自我决战，获得内在生命的觉醒与重塑。有人读《红楼梦》感觉常读常新，就是因为他们在大观园的纯净世界中、在青春场域的交互中不断唤醒真实的自我。

典型案例

（一）作文第一稿

那一天，我遇见了他

王至颖

方正的棋盘上棋海茫茫，一眼望去令人不免觉得眼晕。屋里闷热，头上的风扇"吱呀——吱呀——"慢悠悠地转动，似乎在反复尝试点燃我心中的烦躁之火。

最后一子落下，棋局结束。我，输了。

"唉——"我噘着嘴，哭丧着脸离开了棋桌——在这之前我已经连输好几局了。我渴望升段，但连续两年的失利让我颇受打击。

我找了个无人的角落，想独自消化这失落到谷底的情绪，良久，看到有人踱步至此，他也穿着我们这次的参赛服。我们的眼神交汇又闪躲，看得出来，他本想离开，可为了缓解尴尬，坐在了我的身边。

"你……怎么闷闷不乐的？"

我告知了他原委，还没等我反应过来，他就像变魔术一样从身后拿出一根雪糕，一下子塞到我的手里："天气很热，吃根雪糕吧。"

雪糕很凉，像一盆凉水一下子浇灭了我的烦躁，让我冷静下来。脸上的不快渐渐散去，我慢慢地开口："估计半个月以后的升段赛又没戏了。"

他上下打量着我手里的雪糕："你说，这个雪糕在出厂前需要怎样的工序才能成为真正的雪糕呢？"

他注视着雪糕说道："据我所知，奶油做成后倒入模具，需要在冷库中静置很长时间才能成型。在这期间，你一定要耐心等待，不能急于求成，否则就只能做出不成型的冰奶油。"

他的眼神从雪糕上移开，盯着我的眼睛："所以，下棋也一样，你需要静下心来，对弈时切忌急躁。越想赶紧下完棋，你越要小心，因为这种心理太容易让你出现思维上的漏洞，就会给对手以可乘之机。要知道，围棋讲究慢功，只有慢，才能算准、算透、算精，乃至于掌控全局。"

我恍然大悟。是啊！只有慢下来，才能克服我行棋不沉着的缺点——我能有更多的时间去思考、去预测、去判断，才能看清局势，掌控局面！

从那以后，我找出了原来练棋时用的棋钟，从一局棋三十分钟开始逐渐加长用时。另外，我开始提升自己对棋的预测与计算能力：原来的我，下一步棋只算后五步，后来变成算十步、十二步、十五步……最后直到二十步。渐渐地，我输棋的目数越来越少。

是他改变了我，虽然仅此一遇，但他的话如明灯，将我照亮，我也在散发自己的光芒。

问 题 评 析

　　"那一天，我遇见了他"，这个"他"应该是文章的核心。"他"是怎样的形象？遇见"他"后，发生了怎样的故事？"我"对"他"有怎样的情感？这篇作文中只有"他"的话语对"我"的影响，或者说，重点放在了"我"前后的变化上，而没有树立起"他"的形象。这篇文章更像是把一番道理套在一个人物的身上，而这个人可以是任何人。"我"对这一人物没有了解，没有真正的认识，也没有独特的感受，他不是独一无二的个体。所以，这个"他"看似是身边的人物，这件事看似是真人真事，其实都是不真实的。这个"他"只是一个需要为道理代言的架空的形象而已。很多文章都有这样的问题，比如"我"考试失利得到了他人的安慰，比如"我"比赛紧张得到了他人的鼓励，比如"我"忘带某样重要的东西，他人向我伸来了援助之手……而这里的"他"，往往是为了写作而凭空捏造的一个人物，只存在于简单的话语或动作中，"他"不鲜活也不鲜明。这样的素材，又容易雷同，千篇一律，没有作者内在的真实体验，算不上优秀的文章。

提升建议

写人记事类的文章，核心就是要写出一个人的精气神，要写出这个人与"我"的关联，重要的是在情感上的关联。如果写身边的人，同学们不妨先想一想：我真的了解这个人吗？了解一个人，需要观察，需要沟通，需要感受，观察外貌有何特别之处，给你留下了怎样的印象。外貌是直接展示人物形象的窗口，无须面面俱到，只须点染一二独特之处即可。如鲁迅写祥林嫂，"眼珠间或一轮"，祥林嫂如行尸走肉般的形象跃然纸上。沟通一定是心灵上的对话，不是简单道理的输出，是两个人以最坦诚的姿态打开心扉，知其所想、所怨、所叹。感受，既是感受他人的风貌，又是感受自己的心理。他有怎样的故事让"我"感到触动？他怎样让"我"发生了改变？我们常说典型事例，典型必是经过筛选的，经过心理的筛选，经过情感的筛选，这就是内在生命的体验。内心的涓涓之流需要我们细细体会并诉诸笔端。越是身边的人，我们往往越会自认为熟悉而不去深入了解；如果不用心感受，不参与他的生命，不对他产生发自内心的情感，他只可能成为我们最熟悉的陌生人。

此外，我们还可以打开思维，突破所谓的真人真事。这个"他"一定是身边出现的人吗？未必。这一遇见既可以出自现实生活，也可以超越现实生活。书籍可以打破时空，架起一座桥梁，让我们通往另一个世界，与不同国度的人、不同年代的人交往。要读多少？不拘于量。自然，我们读得越多，所见的人物就越立体：读《念奴娇·赤壁怀古》能一探超脱旷达、壮志难酬的苏轼，读《江城子·乙卯正月二十日夜记梦》又能一窥痴情深婉、凄清幽独的苏轼，读《猪肉颂》还能一品热爱生活、幽默有趣的苏轼。但有时，一本书、一篇文章、一首诗也能让我们产生灵魂的震颤。前提就是真实的精读，以最真诚的姿态真正地走进文本之中，与人物进行心灵的对话，产生同频共振。正如黑塞所言："杰作需要我们认真对待，需要我们在读的时候花力气、下功夫……我们先得向杰作表明自己的价值，才会发现杰作的真正价值。"[1]我们要通过自己的思考与体验去了解一个人的精神与风貌，去构建一个人的灵魂。真实的精读才是虚构的基础，才会使虚构的故事也呈现真情实感。

（二）作文第二稿

那一天，我遇见了他

王至颖

万籁俱寂之夜，睡梦中的我正幻想着能与那位写下"饿死真吾志"的英雄相遇。随即，我被卷进一个巨大的旋涡；一睁眼，却发现自己躺在僵硬的毯子上……

"这是哪儿？"我忍着浑身酸痛，环顾四周，发现了一个蓬头垢面的中年男子。

"已过梅关。"他在木桌旁正襟危坐，身上的长衫破烂不堪，杂乱的胡须上还粘着干涸的血。

---

[1]黎先耀，《理想的桂冠：诺贝尔文学奖获奖者文萃》，经济日报出版社，2000年版。

只见他长袖一扬，聚精会神，挥毫泼墨。舟窗破损，微风袭来，将他的黑发吹起，为他染上了几分忧伤。我上前一看，其字如行云流水，一气呵成。

"梅花南北路，风雨湿征衣……"这首《南安军》，这位舟中人。莫非……"你是文天祥？"

"你竟认识我！昨夜你凭空出现在我的睡毯上，今早，竟然仅有我能看见你。"船身不高，身材魁梧的他弯腰站起，折损了几分仙气。

"赶紧的，吃饭了！"凶神恶煞的男人丢了一碗闻起来便知馊了的粥，汤汤水水不见米粒，仅零星地飘着几片烂菜叶子。

文天祥闭目道："这是仅有的饭，你吃吧。"

"这怎么行？你难道要绝食？"我难以下咽，语气中带着劝说，"宋朝早已岌岌可危，你又何苦牺牲自己？"

他不回答，只疲惫道："谈谈你吧，我很好奇。"

于是，我同他绘声绘色地讲述我的故事，不觉时间流逝，他听得出神，感慨道："未来竟如此繁华！可惜我是不能亲眼看见盛世之景了。"

"历史车轮滚滚向前，而你从未真正离去。"

他闻此，双目闪烁，眼带泪光。

傍晚，有人来收饭碗，见丝毫未动，便端了过来。那只脚从我的身体穿过，重重地踩在了他的膝盖上。随后，那人拿来削尖的竹筒，插进他嘴里，从另一端灌下汤水，弄得他满嘴是血。他却一声不吭，不曾流下一滴泪。

"你誓死护国，可知国已不复！"我悲痛道。

文天祥闻此，厉声训斥："君以国士待我，我必以国士报之！"

他振振有词："只有丹心难灭。"闻此，我心震撼，随即朝他重重磕了一头："今日能见到先生，三生有幸。中华儿女不会忘记您。"随后我陷入无边黑暗。

一朝梦醒，我发觉自己全身是汗，泪湿枕巾。我脑海里浮现出他的身影——不卑不亢，像是一朵绽放的血色玫瑰。

文 心 闪 耀

　　与前文相比，王至颖同学已经将狭义"真实"的桎梏打破，去寻找广义的"真实"。这是一篇穿越时空与古人相遇的故事，"我"和"他"，都是这个故事的在场者和缔造者，缺一不可。文天祥，一位写出"人生自古谁无死？留取丹心照汗青"的英雄，"我"遇见了他，仿佛亲眼看见了他被敌军逼迫、残害的场景，其中的外貌描写、神态描写、语言描写、动作描写以及场面描写，将文天祥大义凛然、宁死不屈的形象树立了起来。这个"他"是活生生的、无可替代的。本文会有这么丰富的描写，原因肯定在于写作者对文天祥的了解已经不仅仅停留在表面了，而是在心中构建起了一个具体的、独一无二的文天祥的形象。文字中也自然流淌出了"我"对他的同情、敬佩之意。这种敬佩之意是随着故事的发展而加深的。没有说教式的语言，没有教条式的口号，在语言的交互中、在故事的行进中逐渐凝聚，这就是所谓的真情实感。虽然这是一篇想象文，但这绝对不是道听途说、胡编乱造能做到的，我们不会觉得它虚假或者虚伪，因为其中闪耀着真实的内核。此处收录王至颖同学当时的话语："由一声'人生自古谁无死？留取丹心照汗青'起，我开始了解文天祥。我读他的诗，读关于他的文，跟着他的北上之路，体验着这位'孤忠者'的内心世界。在我心里，他好像被世人熟知却又不被世人熟知。但他确实是我心目中的英雄，一个大英雄。他一生为国为民，令我敬佩，又令我惋惜。"何为内在的生命体验？这就是。从文天祥的诗句开始，将自己代入文天祥的世界里，发生情感上的碰撞，实现精神的交互与充盈，这样比生硬的人物介绍要丰富、热烈，这就是体验的魅力。与前文相比，改后的文章在人物塑造上、情感表达上又上升了一个台阶。

📄 规律总结

成长需要空间，更需要翅膀。

高考对写作的要求，十分强调以下两点：提倡写思想深刻、选材新颖、想象力丰富、有文采的文章；鼓励有个性、有创意的表达。这两点都是让写作者充分发挥自我、写出自我。所以我们要拓宽写作空间，不给自己套上狭义"真实"的枷锁，不折断思想腾飞的双翼，勇于进行自我的个性表达，让自己成为自己。无论什么题材、什么故事，无论在我们身边与否、在我们的世界与否，我们都不应急着否定、急着矫正，而应抱以鼓励、赞许的态度。有人写"我的母亲"也能写到极致，有人写非人的世界也能引人深思。

仅仅是写出自我还不够，我们还需要学习最精要的写作策略。第一要义就是无论什么样的素材都要注入最真实的体验与思考，无论是真实发生的还是虚构想象的都如此。如史铁生写他的母亲，这就是典型的真人真事，但这些作品却不平庸，而是感人至深、经典流传。这是为何？你有没有发现，史铁生在母亲生前几乎从未写过母亲，或者说写得少之又少呢？因为那时的史铁生沉浸在自我的失落中，他是无心去理解母亲的。直到母亲死后，直到他逐渐与自己的命运达成和解后，他回想起母亲的点点滴滴，才真真切切地感受到了母亲对自己的体贴与关爱，才有了发自肺腑的遗憾与悔痛。这就意味着，当我们的内心真真切切地感受到某种温暖、愤恨、痛苦等情绪时，我们才能写出动人的文字。如卡夫卡的《变形记》，这显然是虚构的故事，但它反映的是最真实的人性。因为作者把敏锐的目光投向了这个社会，他思考了人与人之间最真实的关系，他体验了现代人最真实的生存困境。而这种思考甚至可以超越时代，直至现在也能让我们的心灵震颤。

　　开掘生命体验的源头活水，我们除了要做生活的发现者、观察者、感受者、记录者，还要有高质量的阅读——阅读与写作相辅相成。通过阅读，我们能够跨越时空的限制，探索未知的领域，感受不同的文化和思想。在阅读的过程中，我们与作者、书中人物建立情感联系，体验他们的喜怒哀乐。这种情感体验能够让我们更加敏锐地感知周围的世界，增强我们的共情能力。书籍中的智慧、道德和哲理能够影响我们的思考和行为，帮助我们形成正确的价值观和人生观。阅读让我们在思考中成长，在成长中完善生命体验，我们应该积极投入高质量的阅读中，让阅读成为我们生命中不可或缺的一部分。

本讲精要 ✏️

　　本讲针对同学们写作记叙文时陷在狭义的"真实"里而造成虚假与雷同的困境，提出了两点建议。一是要廓清"真实"，铺设开阔的道路。无论是写作者还是指导者，都需要重新对"真实"有一个正确的辨析。作文中所追求的"真实"应该是一种广义的"真实"，即内在生命体验的"真实"。所以，我们要打开思路，向更广阔的素材之海漫溯。二是不断实现成就自我的"真实"。我们可以随时记下对生活的体察与感悟，也可以通过真实的精读扩充自己的内心世界。这两点建议是打破与重建的关系，只有打破了原有狭隘框架的限制才能重塑真实观，只有掌握了精要的写作策略才能实现广义的"真实"。当然，这些方法是非常规的、非匠气的，写作方法和技巧固然有用，但那也只是蜻蜓点水。于考场而言，真正的高分作文一定经得起阅卷老师与其他读者的审视，光有技法难以直达人的心灵，唯有真诚才能让人心悦诚服。这些建议不仅是为了应付短暂的考场写作，更是为了成就漫长的人生写作。

台阶3

关注个人内心成长，拍摄自己的人生电影

巧用电影表现手法，写出有生气的文章

名师指导

○ 借鉴电影中镜头调度的方式展现场景细节

○ 放大或缩小视域，增强读者的感官体验

○ 借鉴电影中蒙太奇的手法深化文章主题

○ 剪辑并组合写作材料，使文章生动、有趣、深入

扫二维码
听名师讲解

📝 写作困境

1. 细节描写不够准确生动

　　同学们在写作时，很少进行细节描写，更多的是平铺直叙，或是直截了当地说明问题。这样写出来的文章枯燥无味，很难引起读者的兴趣。虽然一些同学认识到细节描写更能表现出真情实感，尝试对细节进行了描写——比如在描写人物的时候，对其外貌、语言、动作等进行细致的描写——但也许是因为观察得不仔细，或是因为语言匮乏，很多时候，他们对细节的描写并不精准，很难达到细腻生动、打动人心的程度，对于提高文章的品质没有帮助。

2. 主题表达不够鲜明深刻

同学们在写作时，往往缺乏成熟和深入的思考，主题表达不够鲜明深刻。同学们正处在由青春期走向成熟的阶段，但在写作中仍然表现出稚嫩和浮躁的一面，缺乏对社会问题的深入思考，对复杂议题没有足够的洞察力。由于年龄和经验的限制，同学们的作文更多地反映了少年人的情感和观点，而缺乏较为成熟和客观的分析能力；作文缺乏深度和广度，主题不鲜明、不深刻。

核心指要

1. 借鉴电影中镜头调度的方式展现场景细节

电影以其丰富多变的画面来吸引观众的眼球，在具体拍摄中，这一切都是靠镜头调度来完成的：数台摄像机从俯、仰、平、斜等不同的角度进行拍摄，由此得到不同角度和不同视距的镜头画面，使观众仿佛身临其境。例如某部电影中，主角带着一群人去国外营救同胞，途经交战区。这时，暴乱分子和政府军战斗的场景是全景；主角以手臂为旗杆，高举中国国旗，宣告"我们是中国人"，然后朝战场方向疾驰是近景；迎风飘扬的五星红旗是特写；当看到五星红旗时，交战双方停止了开火，并注视着中国车队穿过交战区域，则又变成了全景。电影巧妙地实现了从全景到近景到特写再到全景的转换，通过镜头的调度，唤起了观众的民族自豪感。了解了电影镜头调度的方式以后，我们想在作文中展示精彩的生活场景时，就可以在脑海里设想有一台摄像机，将镜头调近、拉远，展现不同视距下的画面；从不同的角度——比如运用五感来描述场景、人物和情感，使用形象化的语言，以增强读者的感官体验。

2. 借鉴电影中蒙太奇的手法深化文章主题

影视拍摄中有一种表现手法叫蒙太奇，其大意是"剪辑、组合"，也就是根据影片所要表现的内容拍摄许多镜头，然后把这些镜头有机地、艺术地剪辑在一起，使之成为一部前后连贯、主题统一的影片。比如电影《小王子》的第一幕，是一片灰蒙蒙的都市丛林，一架直升机撞破了一堵堵墙壁，冲进了一片钢筋混凝土的世界。在郊区与母亲住在一起的小姑娘，和隔壁的飞行员怪爷爷交上了朋友。怪爷爷开始讲玫瑰、沙漠星球、小王子的故事……开篇便给人以强烈的视觉冲击，打破了时空的先后次序，营造出一种悬念。这种开篇方式可用于作文的开头。平时看完一部电影后，我们可以分析一下影片的结构，理清故事的线索，进而运用蒙太奇手法仿写出一篇文章。在谋篇布局时，我们可以将不同时间、不同地点的生活场景或片段进行"剪辑、组合"，没有时间和空间的约束，材料的选择也是任意的，而且可以省略中间的过渡句，让材料更加丰富和集中，同时也能让文章的思路更加清晰，能够更好地将文章的主题表现出来。

典型案例

（一）作文第一稿

记住这一天

梁羽嘉

我家附近有一条银杏大道，除万物凋零的时节，道两侧一棵挨着一棵的银杏树总是挺拔地矗立着，树叶将蔚蓝的天遮蔽得严严实实。

初秋的一个中午，我同往日一样踏着被四周树木剪碎的光影来银杏大道散步。"这里有片漂亮树叶！"孩子们的嬉笑声吸引了我。他们正在收集银杏叶，薄薄的叶子安静地躺在他们手里。我的好奇心被他们手中金黄的树叶勾去，不由仰头望树。只一眼，便令我的心也如树梢上成千上万的银杏叶，随风剧烈颤动起来。

人们都说金秋十月最美，我不以为然。在我看来，初秋那还存些青绿的银杏叶比黄透了的更美。此时的树与深秋的"金树"同样耀眼，风一吹，便见挂在枝头上被正午阳光笼罩的叶子一下一下地晃着。叶片发出的声音像海潮，眷恋地拍打着沙滩；又如沙槌在轻轻摇晃，慢且温和地在枝叶间回荡；还似顽皮的小孩，三五成群地一边窃笑一边打量行人。

整幅画面是柔和的，绿和黄交织着。我贪婪地看着，看金黄的叶与绿叶层层叠叠搭在一起连着天，看绿里染黄、黄里透绿的叶被风拢在一起，看那些很难确切说出是什么的颜色：提子青、翡翠绿、碧绿、翠绿、墨绿、西瓜绿……鹅黄、梨黄、香蕉黄、太阳黄、金黄……平日画水彩画时，我怎样也无法将这绿和黄搭配好；可到这儿，大自然便能将它们恰到好处地融在一起。

是绿里融黄，还是黄里染绿？这颜色是镀上去的，还是涂上去的？是洒上去的，还是染上去的？在叠着的叶的空隙处，光洒进来。它们从细小的缝里溜进来，偷跑到地上。斑驳的树影如黑色的剪纸画，有棱有角，仿佛真是个什么图案。黄绿金和这黑相搭配也不突兀，反倒互相映衬、赏心悦目。

叶随风舞。孩子们追着它，期盼它能落到自己的手上。

在空中时，叶是孤零零的，被风撞得东倒西歪；可一落到孩子手里，它便像归家的游子，安安稳稳地睡在他们手心里了。接住了银杏叶的孩子，眼里闪耀着兴奋的光。他们拢着手里的树叶，小心翼翼地捧到同伴眼前炫耀。有一瞬间，我发现那些孩子的眼睛也被闪耀的银杏叶染成流光溢彩的金色了。

我被眼前的这幅画惊得久久回不过神。直到风停叶落，孩子们的声音再度响起，我才恍然意识到自己已驻足许久。假如今日没有这些孩子无意的提醒，我或许永远发现不了这美景，这不得不说是一种极大的遗憾。

我感谢这些孩子，也感谢大自然赠予我的此番美景。我始终觉得，那些会观察和发现的眼睛是最美的。金色的光影洒在他们乌黑的眸里，四周的景映在他们漆黑的瞳孔中，这不也是幅绝妙的画吗？我将永远记住这一天，记住这稍纵即逝的美好画面，记住银杏叶的歌唱和舞蹈，记住光与影的交织和不同色彩相染的奥妙，还有那一双双倒映了千万景物的美丽的眼睛。

问 题 评 析

1.细节描写欠缺，场景展现不全面

例如第三段中，"人们都说金秋十月最美，我不以为然。在我看来，初秋那还存些青绿的银杏叶比黄透了的更美"。此处未进行细节的描写，后面的描述也无法体现初秋景致胜过金秋十月之处，而一句"还存些青绿的银杏叶比黄透了的更美"，描写得有些空洞。

再如"叶随风舞。孩子们追着它，期盼它能落到自己的手上"，这里的描写过于简单，太表面化，给人静态的感觉，没有对孩子们追逐落叶时的动作、神态等进行深入的细节描写，因此画面不够生动。

2.文章主题未升华，难引起读者的情感共鸣

倒数第三段已经要接近文章的尾声了，然而还未有主题过渡、升华的迹象，仅一句"有一瞬间，我发现那些孩子的眼睛也被闪耀的银杏叶染成流光溢彩的金色了"，在主题的表达上不够鲜明，也不够深刻，无法引起读者情感上的共鸣。

最后一段应该是点明主题或者是深化主题的段落。"金色的光影洒在他们乌黑的眸里，四周的景映在他们漆黑的瞳孔中，这不也是幅绝妙的画吗？"这里可以看出作者深化主题的意图，但是最终仅仅点出"记住这稍纵即逝的美好画面，记住银杏叶的歌唱和舞蹈，记住光与影的交织和不同色彩相染的奥妙，还有那一双双倒映了千万景物的美丽的眼睛"，这样的感悟看上去很丰富，实则主题不鲜明，也缺乏深度，让读者摸不准作者想要表达的情感。

提升建议

针对第一个问题，作者可以将"人们都说金秋十月最美"展开来进行描写，说说他人是怎样表现金秋十月银杏叶之美的，并且增加关于"初秋那还存些青绿的银杏叶比黄透了的更美"的心理描写，表达看到初秋青绿的银杏叶的惊奇感。像电影镜头一样，场景随着作者的思绪在其他人的感慨与作者的内心独白间游走。另外，在"叶随风舞。孩子们追着它，期盼它能落到自己的手上"的后面，作者可以对孩子们的神态、动作、语言等进行描写，生动细致地写出孩子们追逐落叶的场景，同时增加作者的心理活动描写，通过丰富的细节描写，完成对一些场景的展现。

针对第二个问题，作者可以在"在空中时，叶是孤零零的，被风撞得东倒西歪；可一落到孩子手里，它便像归家的游子，安安稳稳地睡在他们手心里了。接住了银杏叶的孩子，眼里闪耀着兴奋的光。他们拢着手里的树叶，小心翼翼地捧到同伴眼前炫耀"后面，用蒙太奇的手法，穿插自己对于该情境的内心感悟：从银杏叶的凋落联想到生命的消逝，进而实现对主题的适当升华，为文章结尾主题的升华做好铺垫；同时在文章的结尾处要点明"生命传承"以及"美好稍纵即逝"的主题，使得文章的主题更加鲜明。

（二）作文第二稿

记住这一天

梁羽嘉

我家附近有一条银杏大道，除万物凋零的时节，道两侧一棵挨着一棵的银杏树总是挺拔地矗立着，树叶将蔚蓝的天遮蔽得严严实实。

初秋的一个中午，我同往日一样踏着被四周树木剪碎的光影来银杏大道散步。"这里有片漂亮树叶！"孩子们的嬉笑声吸引了我。他们正在收集银杏叶，薄薄的叶子安静地躺在他们手里。我的好奇心被他们手中金黄的树叶勾去，不由仰头望树。只一眼，便令我的心也如树梢上成千上万的银杏叶，随风剧烈颤动起来。

深秋金黄的银杏叶最受瞩目。文人爱写它，众人爱说它。久而久之，人们便只记它，却将其余千姿百态的银杏叶忘却了。耳濡目染下，"深秋的金色银杏叶最美""银杏叶黄了才有看头"等刻板印象也牢牢地刻在我心上。因此，今日见到这还存些青绿的银杏叶时，我竟有些恍然：原来银杏叶不只有金色！原来初秋这色调丰富、色彩斑斓的银杏叶毫不逊色于金黄的银杏叶，甚至更美上三分！

此时的树与深秋的"金树"同样耀眼，风一吹，便见挂在枝头上被正午阳光笼罩的叶子一下一下地晃着。叶片发出的声音像海潮，眷恋地拍打着沙滩；又如沙槌在轻轻摇晃，慢且温和地在枝叶间回荡；还似顽皮的小孩，三五成群地一边窃笑一边打量行人。

整幅画面是柔和的，绿和黄交织着。我贪婪地看着，看金黄的叶与绿叶层层叠叠搭在一起连着天，看绿里染黄、黄里透绿的叶被风拢在一起，看那些很难确切说出是什么的颜色：提子青、翡翠绿、碧绿、翠绿、墨绿、西瓜绿……鹅黄、梨黄、香蕉黄、太阳黄、金黄……平日画水彩画时，我怎样也无法将这绿和黄搭配好；可到这儿，大自然便能将它们恰到好处地融在一起。

是绿里融黄，还是黄里染绿？这颜色是镀上去的，还是涂上去的？是洒上去的，还是染上去的？在叠着的叶的空隙处，光洒进来。它们从细小的缝里溜进来，偷跑到地上。斑驳的树影如黑色的剪纸画，有棱有角，仿佛真是个什么图案。黄绿金和这黑相搭配也不突兀，反倒互相映衬、赏心悦目。

叶随风舞。孩子们追着它，期盼它能落到自己的手上。落叶已经有些枯萎了，像睡不安稳、做着噩梦的孩子，皱脸拧眉。追逐落叶的孩子们与之形成对比。即便隔些距离，在阳光的笼罩下，我依然能看见他们嘴边哈出的缕缕白雾和脸上正在滑落的一颗颗微小晶莹的汗珠。他们像雏鹰一样朝气蓬勃，身姿像猎豹一样敏捷迅速，迈腿疾奔几步，便追上伙伴了。有的孩子不小心摔了，马上轻捷地一跃而起，大笑着张开手向同伴奔去。他们的笑声，像晨雾还未散尽时，有人在林间边走边敲响的玉磬，磬声悠悠荡荡，传到云深不知处。这清脆的声音划破层层迷雾，直达我心底。

"接到了！"一个孩子突然大喊，叶正躺在他手中。游荡于空中时，叶是孤零零的，被风撞得东倒西歪；可一被孩子接住，它便像归家的游子，安稳地睡在他们手中。接住了银杏叶的孩子，眼里闪耀着兴奋的光。他们拢着手里的树叶，小心翼翼地捧到同伴眼前炫耀。此情此景使我颇有感触：一个生命将落地化为春泥，另一个生命却在如雨后春笋一样茁壮生长着。银杏叶与人甚至不是同一物种，但在生命消逝与生长的自然规律面前是平等的。有一瞬间，我发现那些孩子的眼睛也被闪耀的银杏叶染成流光溢彩的金色了。

我被眼前的这幅画惊得久久回不过神。直到风停叶落，孩子们的声音再度响起，我才恍然意识到自己已驻足许久。假如今日没有这些孩子无意的提醒，我或许永远发现不了这美景，这不得不说是一种极大的遗憾。

我感谢这些孩子，也感谢大自然赠予我的此番美景。我始终觉得，那些会观察和发现的眼睛是最美的。金色的光影洒在他们乌黑的眸里，四周的景映在他们漆黑的瞳孔中，这不也是幅绝妙的画吗？我将永远记住这一天，记住银杏叶的歌唱、舞蹈和光影交织、色彩相染的奥妙，记住孩子们纯真稚嫩的面容和那一双双倒映了千万景物的美丽的眼睛，记住生命传承的这一刻，还有那稍纵即逝的美好。

文 心 闪 耀

第二稿在第三段中增加了细节描写，将众人对金秋银杏叶的印象及作者对于初秋色调丰富、色彩斑斓的银杏叶的惊奇心理表现了出来。

第七段描绘了孩子们追逐落叶的场景，传达了一种朝气蓬勃、活力四射的气象，是非常出彩的段落。作者在这段描写中使用了对比手法：孩子们追逐落叶，象征着他们对自然美的渴望和蓬勃的生命。与此形成鲜明对比的是枯萎的落叶，它们"像睡不安稳、做着噩梦的孩子，皱脸拧眉"，传达出一种沉闷、不安的感觉。阳光照耀下，孩子们哈出的白雾和滑落的汗珠以及他们朝气蓬勃的身姿都得到了强调。这些细节通过光线和视觉效果的运用，使读者能够感受到孩子们活力四射的状态。另外，镜头运动的描写手法也是亮点之一。通过追随孩子们奔跑的镜头，文字给人一种身临其境的感觉；特别是在孩子摔倒后，作者快速"切换镜头"，让孩子"轻捷地一跃而起"，表现出孩子乐观向前的精神。声音的设计也对整个场景产生了重要影响。文中提到，晨雾还未散尽时林间敲击玉磬的声音传入读者的心底，为整个场景增添了一种祥和、清新的氛围，帮助观众更好地融入情境，感受孩子们的欢笑和活力。

倒数第三段增加了对于内心感悟的描写，实现了对主题的升华，为文章结尾主题的展现做好了铺垫。

最后一段"记住生命传承的这一刻，还有那稍纵即逝的美好"一句，鲜明地点出了文章的主题，引发了读者对于"生命传承"和"美好稍纵即逝"的深刻思考。

规律总结

想要丰富的细节描写，可以借鉴电影中镜头调度的方式展现场景细节。要想把细节描述得栩栩如生，就必须调动自己所有的感官，仔细地去观察。选词要讲究，要精挑细选，力求言简意赅。运用比喻、拟人、排比、夸张等修辞手法，可以加强语言的生动性，化抽象为具体、化虚为实。此外，对于同样的细节，可以从不同的角度、不同的层次去观察，也可以通过联想的方式来描写。

想要主题鲜明深刻，可以借鉴电影中蒙太奇的手法深化文章的主题。从表到里，透过本质升华主题；从点到面，由具体的人与事揭示普遍的规律，进而使作品的主题得以升华；由此及彼，通过触类旁通使文章主题得以升华。

本讲精要 🖊

1.借鉴电影中镜头调度的手法，准确生动地进行细节描写

同学们在写作中往往不会描绘与刻画细节，即使想要对细节进行描写，也可能因观察不仔细，或是语言贫乏，导致对细节的描写不够精准、细腻、生动。对此，我们可以通过借鉴电影中镜头调度的方式展现场景细节。比如，学习电影中镜头拉近与推远的手法，先从远处的全景开始，再慢慢拉近，描写场景中的具体人物、景物，这样不仅使得场景更具立体感，还能让读者感受到作者对细节的敏锐捕捉。镜头切换也是电影中常用的手法，在写作中，也可以借鉴这种切换的方式，通过不同角度、不同视距的描写，来展示同一个场景的不同面貌。此外，电影中的特写镜头也是值得借鉴的。写作中通过特写的手法来突出某个细节，可以增强情感的表达，让读者更加感同身受。

2.借鉴电影中蒙太奇的手法，鲜明深刻地表达文章主题

同学们在写作中常常缺乏成熟和深入的思考，

主题表达得不够鲜明深刻。对此，我们可以借鉴电影中蒙太奇的手法，深化文章的主题，通过剪辑和组合，由浅及深，逐步揭示本质、升华主题。在这个过程中，我们要不断地联想，不断地领悟，可以由表及里，纵横开掘，深化主题；也可以由自然现象到人生哲理，不能只停留在单纯地记录见闻和感受上，要尽可能地运用人生的目光去审视自然、审视宇宙、关注社会、关注人生。只有这样，我们的文章才能因深刻的立意而从众多作品中脱颖而出。

台阶 4

打捞自己的生活

书写内在生命体验

名师指导

○ 挖掘个人独特体验，自由表达真实感受

○ 唤醒内心世界，实现倾诉愿望

○ 教师分享生命体验，激发学生共鸣

扫二维码
听名师讲解

写作困境

很多同学在写作时缺乏真实的表达，生编硬造，写作内容雷同，作文中没有真实的感受和思考。大部分同学觉得自己的生活无话可说、无事可写。写作时，他们往往用同样的选材内容应对不同的作文题目。

其原因就在于内在生命的贫乏，这些同学对生活及生命缺少感受力，没有挖掘出自身独特生命体验的价值与意义。写作关联着一个人的生命境界与格局，写作是生命里自然冒出来的，不是外界强行压出来的，写作应该关注"人"的内在发展。因为写作不仅是一项知识技能系统，更与人的感受系统、心灵系统、思考系统等综合在一起，进而促成自我生命不断感知。

🎯 核心指要

　　"人的内在生命成长"是写作能力提升的关键所在。我们应该在教师的引导下，注重自身的生命成长，关注自身的生命体验，建构自己的写作途径，在我们的生命个体充分发展的基础上，寻求能够表达真实情感的写作策略，实现内在精神成长与写作能力提升的统一。

　　语文特级教师程翔曾在讲座中说道："学生写自己熟悉的内容，自然就写得好。一到了应试作文，学生就生编硬造。老师要引导学生去思考，引领学生去认识自己的人性，写真正敏感的、有感受的甚至心灵疼痛的地方。经过这样的写作之后，学生就会知道写作到底是怎么回事。感受到了真正的写作，他们就不会愿意再去编造。"

　　在写作中，大家可以有意识地去挖掘自身的生命体验。每个人的经历都是独一无二的，人们有不同的生活、体验、信念，都可以打捞出值得倾诉的东西，这构成了自我写作最核心的内容与价值。写作绝不是为了迎合一种标准，它是自由生动的流淌和呈现。我们要学会打捞自己的生活，把那个真正属于自己的内在世界唤醒；内在世界唤醒之后，自然有话可说，写作将变成一种不吐不快的倾诉愿望。

综上所述，我们要提高写作水平，不能只关注技法，更应该关注生命内在的成长；写作与心灵相随相伴，挖掘自身生命体验，才能写出有深度、有温度的作品。

🔍 典型案例

（一）作文第一稿

与诗意相遇

吕沨宸

人生就像一首诗，由诗来点缀，由诗来谱写，无处不充满着诗意，无处不与诗意相遇。

　　从小到大，我们学习过很多很多诗句，你是否会在登山时感受到"不畏浮云遮望眼，自缘身在最高层"这种将万物尽收眼底的气魄？你是否会在观海时感受到"长风破浪会有时，直挂云帆济沧海"这种能克服一切阻碍的壮志豪情？你是否会在黄昏时想起"夕阳无限好，只是近黄昏"，然后生出淡淡的哀愁？你是否会在沙漠中感受到"大漠孤烟直，长河落日圆"，赞叹那与众不同的塞外美景？或者，当看到大瀑布从天而泻时，你是否理解李白所写的"飞流直下三千尺，疑是银河落九天"的壮观景象？当驻足观望滚滚长江水时，你是否又想到"滚滚长江东逝水，浪花淘尽英雄"？当乘着竹筏在平静的漓江上漂流时，面对空灵优美的景色，你是否想到那句"寻梦？撑一支长篙，向青草更青处漫溯"？当在瘦西湖前看那荷叶田田、蜻蜓立在上面时，你是否又会想起"小荷才露尖尖角，早有蜻蜓立上头"？你是否从那"春色满园关不住，一枝红杏出墙来"，感受春天的到来？在夜晚看见窗前月光泻下，你吟诵起"床前明月光，疑是地上霜。举头望明月，低头思故乡"，一种思乡之情是否涌上心头？你是否在离别时想到"轻轻的我走了，正如我轻轻的来"，体味那份恋恋不舍，想到"人有悲欢离合，月有阴晴圆缺，此事古难全"？……诗人们用笔记录了他们的生活，我们在诗人的诗句中感受诗的美好，与诗意相遇。

我们的生活也充满诗意，我们也可以学着用诗记录我们的感受，描绘我们的生活。我们也许写不出那么优美的诗句，但是每个人的生活都是值得记录的，让我们去发现生活中的诗意，记录生活中的诗意。

人生亦如诗歌。体会诗吧！感悟诗的魅力吧！让我们以诗为伴，与诗意相遇。

问 题 评 析

写"与诗意相遇"这个题目要关注到"诗意"和"相遇"这两个关键词。"诗意"是诗人用一种艺术的方式，对于现实或想象的描述与自我感受的表达，是一种美好的意境。与诗意相遇，所指可以是诗歌中的诗意，也可以是一切带有诗性的艺术中所蕴含的诗意，还可以是直接来源于现实生活中的诗意。对"诗意"的理解与阐述，应该是这篇作文的核心概念。"相遇"，可以是一个场景，可以是一个过程，也可以是对一种现实结果的评论、期待。谁与诗意相遇呢？主语的省略，使叙述对象具有了不确定性，同时也就获得了巨大的写作空间。

这篇文章，学生对核心概念"诗意"的理解与展现不足，对什么是诗意缺少铺垫和解释，将诗意直接等同于诗，全文仅见诗句、诗人而不见诗意。文章的主体部分成了诗句集萃。后半部分虽提到我们的生活也充满诗意，值得记录，但是并没有展开来写，缺少对"诗意"的感受和思考。此外，文章中也缺少对"相遇"过程的展现。

提升建议

"与诗意相遇"这个题目，很多同学写不好，问题大概可以归纳为四类：

（1）将一切概念不加分析地直接贴上"诗意"

的标签，如亲情、某个人等，缺少铺垫，缺少对诗意的
阐释。

（2）将诗意直接等同于诗，全文仅见诗句、诗人
而不见诗意。对诗意的理解与展现不足，将作文写成了
诗句集萃。

（3）在游记中通过一段景物描写来表现诗意，将
美景简单等同于诗意，文章没有思考的深度。

（4）多数同学采用了"小时候我读过……，初中
的时候我又学了……，高中……"的记叙结构，对所学
的诗句做一点浅显的解读，形式雷同，内容浅显。

其中的共性问题在于作者对核心概念"诗意"没
有阐释，究其原因，是作者对"诗意"没有个人体验，
也没有认真搜寻和思考过自己生命中有诗意的瞬间。

"你觉得诗意是什么呢？说到诗意，你会想起什
么呢？你生命里让你觉得很有诗意的瞬间或事件是什
么？"为了增加素材，有位老师在讲评前通过微信"朋
友圈"提出了以上问题，并在课上和学生分享了"朋友
圈"的留言。

诗意是委婉和文艺。

是发现的美，不被柴米油盐羁绊的瞬间。

是农民从田间劳作归来，看看天空的晚霞。

从普通的东西里看到浪漫，甚至创造浪漫，让周围人一起感受到，是从日常生活中体会到独特的情感，然后有选择地传递给别人。

你写过诗吗？是什么样的情境激发了你写诗的欲望？那应该就是与诗意相遇的时候吧！

是一低头的温柔。

是不能直言。

是一堆漂亮的泥巴，粘脚。

是把脚步慢下来，看这个世界本来的样子。

是一种发现、一种触动、一种联结。是你生活里美好的、酸涩的、打动你的、让你想说点什么的、心中一动的瞬间。

看过这些，你是否对诗意有了具象的感受？你有没有这样的瞬间？也许你会说："好像有，可是一时之间又想不起来。"那么，请你再看下列三则材料。

（1）学生参加了学校英文歌曲比赛。教师讲述："那一天，我坐在下面看着你们合唱时认真的脸，觉得这样的时光真是生活的礼物。大家笑得甜美又自信，好像找到了自己的世界。第二天上课，我说你们唱得很棒。有人起了那天唱的 *We Are the World*（《天下一家》）的头，你们就又一句句合唱起来。我都愣住了，在讲台上觉得特别幸福。"

（2）期中考试的诗歌鉴赏是洛夫的《因为风的缘故》。教师讲述："我在考场看见诗句的时候，其实在想，如果你们不用答题，我不用讲卷子，我们就一起读一读诗，该多好。"

（3）学生参加了运动会。教师讲述："我的朋友们都怀念青春时光，而我只要和你们待在一起，就觉得自己又回到了青春里。"

以上都是热爱生活的老师和学生分享的自己的真实经历和感受，自己眼中的、心里的诗意。这些材料或许没有真正帮你解决问题，但一定让你想起了记忆中的某些瞬间。

（二）作文第二稿

与诗意相遇

吕沨宸

人生就像一首诗，处处充满着诗意，处处可与诗意相遇。

从小到大，我们学过很多诗句，诗人们用文字把那些动人的瞬间留住，千百年后，我们仍可以通过文字与那些瞬间里氤氲的诗意相遇。你是否会在登山时感受到"不畏浮云遮望眼，自缘身在最高层"这种将万物尽收眼底的气魄？你是否会在观海时感受到"长风破浪会有时，直挂云帆济沧海"这种能克服一切阻碍的壮志豪情？你是否会在黄昏时想起"夕阳无限好，只是近黄昏"，然后生出淡淡的哀愁？你是否会在沙漠中感受到"大漠孤烟直，长河落日圆"，赞叹那与众不同的塞外美景？或者，当看到大瀑布从天而泻时，你是否理解李白所写的"飞流直下三千尺，疑是银河落九天"的壮观景象？……诗人们用笔记录了他们的生活，我们在诗人的诗句中感受诗意的美好。

诗意在诗句中，诗意也在生活中，那些让你心头一颤的瞬间都是与诗意相遇的时刻。我们也许写不出那么优美的诗句，但是每个人的生活都是值得记录的，生活中处处充满了诗意。高中开始住校，为了早起又不打扰大家，我就把闹钟音量调到很小，有时候连自己都听不见。一天早上，室友说她今天终于听到了我的闹钟声，就像"羽毛在唱歌"——这个比喻多么妙啊！我内心一颤，被这个诗意的描述打动了。虽然羽毛不会唱歌，但是羽毛的那种轻盈，及其在风中翻飞的样子，不正是我那若隐若现的闹钟声吗？

期中考试完，全年级跑3000米，很累也很开心。回去的路上，我和副班长两个人谈论着未来与人生。我总觉得这种话题对我们来说太沉重了，我常常因此心疼。然而我忘不了，副班长那副张牙舞爪、哈哈大笑、快乐而又无所畏惧的样子，她朝着那么大、那么亮、那么耀眼的象征着明天的夕阳奔跑——作为一个那么小又那么大的生命。她奔跑的背影像一首诗，绽放在青春的路途上。

第一学期最后一次集体活动，回程的路上，我坐在轻微颠簸的巴士上，坐在同学们的身边。车窗外一群一群的鸟儿飞过。难得在北京看见这么多自由的鸟儿，我呆呆地看了一会儿，转头望向车内熟睡着的朋友们，内心无比满足，真想在这个瞬间停留一会儿，再停留一会儿。这些散落在生活中带着诗意的瞬间是生命的礼物，等待我们去一一相遇。

诗意在诗句中，诗意也在生活中，只要我们带着一双发现美的眼睛、一颗感受美的心，就可以时时与诗意相遇。

文 心 闪 耀

修改后的作文，诗句积累部分不再喧宾夺主，学生对诗意有了自己的阐释：并非只有诗句才蕴含诗意。作者挖掘了自身的生命体验，在自己的生活中也打捞出了值得倾诉的东西，捕捉和记录了自己生命中有诗意的瞬间。作者的内在体验被唤醒，把这些作为书写内容，使得写作和她的内心构成了关联。在自己的真实体验中，作者自然而然就展示了相遇的整个过程，细节描写也很精彩。诗意不再是简单的诗句或者标签，诗意是她真实的生活和体验。

通过书写，作者的个性也在文中显现，读者可以感受到这是一个心思细腻、情感充沛、热爱生活的孩子。这是一篇有了作者生命痕迹的文章，这些痕迹使得这篇文章格外动人。

📑 规律总结

"人的内在成长"是写作能力提升的关键。语文特级教师连中国说："写不好，不只是技能、词汇问题，它和一个学生精神上没有形成一个独立的自我密切相关。写作，其实就是要找到一个精神上的自我并且借助语言将这个自我表达出来。一个精神上的自我构建不出来，怎么能要求这个自我去说话呢？写作，不是仅仅靠'训练'就能解决问题的。提升写作能力，其实就是去帮助学生把那个真正属于自己的内在世界唤醒了、唤出来。有了精神上的自我，又有话要说，这时，文字表达上的技能、技巧才被迫切需要。有迫切需要，才会有学习。"[1]

写作是与一个人的心灵相伴随的，写作是从一个人不断的生命成长中自然而然"冒"出来的东西。写作的方法是我们在生命不断成长中总结的方法，是我们在不断发展中练就的方法，是我们为了表达的需要自然而然找到并运用的方法，是我们为了满足表达的欲望而自我创造出的方法，是我们在写作中自我主动探寻到的方法，而非简单依赖老师总结出来的某些既成的、千篇一律式的写作模板。

---

[1] 连中国，《语文课：让孩子走向成熟并再次天真》，中国人民大学出版社，2015 年版。

本讲精要 ✎

　　本讲首先对当下很多同学的写作困境进行了说明：写作时缺乏真实的表达，生编硬造，选材雷同。其原因在于内在生命的贫乏，对生活及生命缺少感受力，没有挖掘出自身独特生命体验的价值与意义。

　　针对同学们的写作困境及成因，本讲提出如下解决策略。

　　（1）挖掘自身生命体验。每个人的人生经历和体验都是独特的，这些经历、体验和信念都是个人写作的核心内容与价值。写作不是为了迎合某种标准，而应该是自由、生动地表达和呈现个人内心世界的工具。我们应该深入挖掘和反思自己的生活，认识自己，书写那些真正触动心灵、有感受甚至带有痛苦的部分，从而唤醒内在的真实世界。

　　（2）采访老师或家长，寻求生命体验。体验需要体验来唤醒：老师或家长自身独特的生命体验是宝贵的参照物。我们可以与他们进行交流，请他们就一个题目分享自己对生命的真切体验与感悟，从而唤醒我们自己的生命体验。以作文《与诗意相遇》为例，教师整理了自己生命中有诗意的瞬间，以此启发学生，引导学生挖掘自身的生命体验。在这个过程中，学生对生活有了新的捕捉和凝视，认真搜寻和思考了自己生命中有诗意的瞬间，在作文第二稿中打捞出自己生活中值得倾诉的东西，记录了自己生命中美丽动人的瞬间。

本讲着重强调关注"人的内在成长"：当人的内在成长了，作文才能随之成长。写作与自身的生命体验息息相关，我们可以挖掘自身独特生命体验的价值与意义，将写作根植于自身的生命体验之中。当写作与我们的内心构成了深度的关联，写作将获得最真实的源头。

MAPS
方 图

四方图志・心安一隅

连中国 编著

非一般的作文课

中国出版集团
东方出版中心

目录

台阶5

找到夜空中为你闪亮的那颗星

如何让记叙文选材独特

名师指导

○ 培养一双慧眼，发现题旨要点

○ 撬动表达欲望，发现独特体验

○ 筛选素材，找到夜空中为你闪亮的星

○ 捕捉生命火花，贮存生活点滴

扫二维码
听名师讲解

✏ 写作困境

中学生写记叙文常面临选材千篇一律的困境，究其原因，有以下两点。

（1）表层原因：同学们在拿到一个作文题目后，缺少对题目的审慎思考，缺少对素材进行精心选择、"货比三家"的过程，不了解什么样的素材是更吸引人的，想到什么就写什么，导致写出来的作文缺乏个性。

（2）根本原因：自我意识混沌，没有捕捉到生命中的闪光点，没有发现生活中值得记录的独特经历；觉得"无米下锅"，没有素材可写，本质是缺少发现的眼睛。

🎯 核心指要

1. "读"具慧眼，发现题旨中的要点

写好一篇命题作文的前提，是学会审题。审题似乎是老生常谈，但是很多同学往往对题目一扫而过，没有关注到题目的关键信息，导致选材与题目要求相去甚远，更别提选出独特的素材来。如何练就一双慧眼？拿到题目后，要反复阅读，圈点勾画核心信息，审慎思考；要发现题旨中的要点。关键信息往往藏在题目和材料所提及的对象、范围、示例和情感导向之中。

（1）审题要关注题目的对象。比如题目"最珍贵的财富"，财富是什么？是亲情，是友情，还是某种品质？对象要明确。

（2）审题要关注题目的范围。比如题目"北京，这里有我的_____"，描写的事物就必须是北京范围内的，而且是具有北京特征的。

（3）审题要关注题目中的示例。"爱"是人类亘古不变的主题：父母的爱、师长的爱、朋友的爱……可以从示例给的父母、师长、朋友之爱中任选角度写作。

（4）审题要关注作文材料中的情感导向。比如这样一段作文材料："医务人员、警察以及众多行业的工作者们坚守岗位。他们默默付出，为考试保驾护航。"材料中就含有情感导向。

（5）审题要关注题目中的隐含要求是写一件事还是多件事。比如题目"日积月累"和"又见_____"，显然我们不能只写一件事。

2. 撬动表达的欲望，发现独特的生命体验

每个人的生命之旅都是不同的，写作就是要写出自己独特的生命体验。独特的生命体验，既可以是独特的经历，也可以是在寻常的事件中产生的独特的感受。莫怀戚在一次寻常的散步中，感悟到亲情的温暖、生命的绵延。散步对于他来说，就成为一种独特的生命体验。史铁生每日在地坛观看人来人往，《我与地坛》中写练长跑的男子想要获得成绩却一次次落空，写美丽而失智的少女，写每日来散步的夫妇从中年到迟暮。地坛承载了史铁生对于生命的体悟。在写作时要找出一次独特的经历不容易，但是在寻常的事物中挖掘出新意，是可以通过训练做到的。我们在写作前可以把与题目相关

的生命体验、把心里想到的素材都罗列出来，此时不要怕列得太多。

3. 筛选素材，找到夜空中为你闪亮的星

　　天上的星星有千万颗，不能尽数收入囊中，我们必须找到那颗为自己闪烁的星。结合第一步的审题，根据素材与作文主题的远近、对素材的把握是否深入、体验是否独特、故事是否能打动人等方面，对罗列的素材进行筛选，确定恰当的素材，找到夜空中为我们闪亮的那颗星。

　　以"爱在_____时"这个题目为例。

　　"爱"是人类亘古不变的主题：父母的爱、师长的爱、朋友的爱……不分大事小情，无论顺境逆境，只要用心感受，"爱"无处不在。请以"爱在_____时"为题，写一篇记叙文。

　　要求：在横线上填上合适的词语，补全题目；有细节描写；叙事合理，情感真挚；不少于600字。

　　拟用素材：①外公不畏风雨送我上学、接我回家；②外公给我做我最爱吃的糖醋鱼；③外公经常和我视频通话；④外公教我养君子兰；⑤元宵节，外公亲自包元宵让我一饱口福；⑥外公去世后，我精心照顾外公留下

来的君子兰。

　　对素材进行筛选，以④⑤⑥为典型事件。

典型事件的选取

典型事件	选取理由	选取标准
外公教我养君子兰。外公去世后，我睹物思人	① 事件比较个性化，有成长启示（人的情趣）； ② 依托"君子兰"这个载体，便于抒情（化虚为实）； ③ 睹物思人，感受最深（分辨率）	从事件本身：有成长启示、个性化强、故事性强、有一定的特殊性
以前的元宵节，外公亲自包元宵。外公去世后，家人只能吃买来的元宵，思念外公	① 事件比较个性化，有成长启示（外公包元宵）； ② 元宵节时间特殊，思亲之情倍增（情感的凝聚点）； ③ 事件有对比，情感突出； ④ 事件还涉及更多家人，可以拓展情感容量	从写作角度：有感受（情绪、冲突），能写真切；有想法，能写深入

　　（"爱在＿＿＿时"案例由清华大学附属中学教师郑铉提供）

典型案例

（一）作文第一稿

因为有你

殷梓皓

我惊奇地看着手机里的一张老照片：一个还未睁眼的婴儿被包裹在大红花布的襁褓里，躺在满脸欢笑的奶奶怀中。这个婴儿就是我，那大红花布的襁褓是奶奶给我做的，至今还被我珍藏在衣柜的最顶端。它带给我的温暖与幸福，让我至今难忘。

小时候，奶奶每每把在电视机前坐了大半日的我叫进她房内，为我测量尺寸。被禁锢在皮尺之中的我想着动画片里的情节，焦躁地扭来扭去。奶奶便说："快点儿！冬天冷，给你做几件衣服，还不领情！快快地量完了，你再回去看。"我这才不情愿地收敛着立稳了身子。奶奶量完了，便用画粉在布上细细地标记，用大剪刀去裁，又在缝纫机前弯腰眯眼地忙碌着。看着奶奶为我忙碌的身影，我沉浸于幸福之中。动画片？它早被我忘到九霄云外去了。

一次，我向奶奶随口提起了同学身上的一件名牌衬衫——本是小孩子无心的话，绝无想要的意思。在我自己都将这话忘得一干二净时，奶奶却为我送上了一件几乎一模一样的衬衫——甚至连品牌商标都有！原来奶奶在网上查明了这种衬衫的各样信息，一一买来所需的各种材料，经过细致钻研与多次尝试，一点儿也不差地将衬衫为我做了出来。穿上衬衫，我抚摸着颈后顺滑板正的衣领，想象着奶奶在灯下眯眼弯腰、捏针拿剪的样子，心里一阵酸楚，紧接着又涌出一股幸福的暖流。

自我上了初中以来，学习越发忙碌，我与奶奶虽同居一城，有时竟几个月都不能见面。尽管这样，奶奶每次见我，带来的却仍是大包小包的衣服。夏日的短裤短褂，冬天的棉衣毛衣，春秋季的衬衫长裤，应有尽有。尽管一周有五天要穿校服的我几番劝她歇歇，我的衣柜却还是被奶奶做的衣服塞满了。奶奶的腰弯了，眼花了，心里想的却仍是她孙儿的温暖与幸福。

其实，奶奶带给我的，又何止衣服呢！为我做饭穿衣，是她对我的关怀；教我识字读书，是她对我的培养。爱学习的奶奶虽然已经七十有余，可是她通过自己钻研学会的事太多了：她会在网上自学做短视频记录生活；她会用各种旅游类的手机软件比较价格，订的火车票和民宿价廉又"物"美；她还会看网上分享美食的帖子，在旅游时带着我爷爷品尝当地的"网红"小吃……奶奶将她关心他人、终身学习的品质一针一线地缝进了衣服里，送到了我手上，让我受益匪浅。每次想起昏暗的灯光下奶奶弯腰眯眼的样子，我总会惊叹于自己所得的幸福与温暖是如此之多，我惭愧、羞赧极了。

你为我做饭缝衣，让我吃饱穿暖，保障了我的生活；你教我读书识字，陪伴了我的成长。

问题评析

这篇文章情感真挚，回忆了"我"和奶奶相处的几件小事，表现了奶奶手巧能干、善于学习的品质。选材方面，文章重点写了奶奶为"我"缝衣服的故事，体现了祖孙两人的深情。文章用了三段来讲奶奶缝衣服：一段写奶奶为"我"量体裁衣，一段写奶奶为"我"仿制了一件名牌衬衫，一段写奶奶为"我"送来四季衣服。三个素材同质化，不够精当。其中，奶奶为"我"量体裁衣和送来四季衣服这两个素材不够独特，不够吸引人。奶奶为"我"缝制带有名牌商标的衬衫这一素材，缺少细节描写，不够鲜活。另外，作者还写了奶奶善于学习，对"我"影响深远。但是，在表现奶奶对"我"的培养方面，语焉不详，缺少事件支撑。

语言上，一些词句显得啰唆，需要进行删减。文章的结尾过于直白，缺少画龙点睛之笔。

提升建议

三个素材中，奶奶为"我"缝制了一件连商标都有的名牌衬衫，非常有趣，而且是祖孙两人独有的经历，是一个可以深入挖掘的素材。原文中写奶奶"经过细致钻研与多次尝试"终于缝制出"名牌衬衫"，奶奶是如何钻研、如何尝试的？文章可以适当增加一些细节，来表现奶奶辛勤缝制衬衫的过程。而另外两个素材，为"我"量体裁衣和送来四季衣服不够独特，可挖掘的空间小，可以略写。在表现奶奶爱学习方面，写了奶奶紧跟时代，会使用各种手机软件，表现出奶奶是一个善于学习的时代"弄潮儿"，这与大众印象中的老太太形象形成"反差"，可以保留。文章中再适当增加一些奶奶对"我"培养教育的事件，可以更好地扣题，让读者感受到奶奶对"我"学习上产生的深远影响。

文章读到结尾，读者却感到不尽兴，对这样一个勤劳能干、终身学习的老太太产生了好奇：她究竟是一个怎样的人呢？她有着怎样的故事？作者可以在结尾对奶奶的生平简单加以介绍。

好的文章往往文质兼美，这篇文章的修改，可以在结构形式上下一点功夫，比如在文中增加一条贯串始终的线索；也可以在语言上下一点功夫，雕琢语言，增加一些"金句"，保证文章点题的同时，还能令读者含英咀华、意犹未尽。

作者在对第一稿进行修改时，对拟选的素材进行了重新整理。

拟选素材的整理

拟选素材	独特性理由	是否选用
奶奶为我仿制名牌衬衫	独属于祖孙两人的经历，有独特性，非常有趣	是
做衣服时，奶奶给我量体裁衣	缺少动情点，不够独特	否
奶奶为我送来四季衣服	缺少故事性，事件不够独特，与前面的素材同质化	否
奶奶教我读书写字	能够表现奶奶终身学习的品质和对我的影响	是
奶奶熟练使用各种手机软件	能与大众对老太太的印象形成反差，非常有意思	是
奶奶照顾弟弟、考上大学、建设故乡的经历	能够表现奶奶不平凡的人生经历，全面表现奶奶的形象	是

（二）作文第二稿

因为有你

殷梓皓

隔着窗子，我看见了小院里的梨花，它们纯洁而质朴。在氤氲的"白雾"中，我隐约看见了奶奶。梨花树下，奶奶抱着尚在襁褓之中的我，我伸出手去抓梨花……

在我小时候，有一次，我向奶奶随口提起了同学身上的一件名牌衬衫。本是小孩子无心的话，在我自己都将这话忘得一干二净时，奶奶却忘不掉了，也许奶奶看出了我眼里的羡慕。她每天钻进房间里不出来。我从门缝看进去，只见奶奶戴着老花镜，一边在网上查这种衬衫的各样信息，一边在本子上密密麻麻地记录。她通过网购一一买来所需的各种材料，时而用尺子比对着，在布料上标记，时而穿针引线，让剪刀在布料上疾走。几日后，奶奶把衬衫送到我眼前，她做的这件衬衫和同学的那件几乎一模一样，甚至连品牌商标都有。穿上以后，我抚摸着颈后顺滑板正的衣领，想象着奶奶在灯下弯腰眯眼、捏针拿剪的样子，心里一阵酸楚，紧接着又涌出一股幸福的暖流。我的衣柜里从夏日的短裤短褂，到冬天的棉衣毛衣，春秋季的衬衫长裤，都是奶奶一针一线缝出来的。奶奶，因为有你，生活的针脚也变得整齐而细密。

其实，奶奶带给我的，又何止衣服！我对文学的第一印象就是奶奶带来的。奶奶常常握住我的小手，教我在田字格上摹写生字。在梨花树下，奶奶教我读唐诗、读课文，"红的像火，粉的像霞，白的像雪……"奶奶，因为有你，我在读书声中看见了比梨花更美的东西。

随着时代变化，爱学习的奶奶也从容不迫地走在时代前沿。虽然已经七十有余，可是她通过自己钻研学会的事太多了：她在网上自学做短视频记录生活；她会用各种旅游类的手机软件比较价格，订的火车票和民宿价廉又"物"美；她还会看网上分享美食的帖子，在旅游时带着我爷爷品尝当地的"网红"小吃……

奶奶告诉我，她小时候家中的院子里也有一棵梨树，我循着梨花的踪迹，溯流到她生命长河的上游。

1952年10月28日，在这平常的一天，一个女婴降生在了河北省邢台市一个贫穷的小村庄里。在那个贫苦的年代，她童年就随我那开采石油的太爷爷一起到了新疆克拉玛依。太爷爷工作忙，是奶奶靠着勤俭持家、缝衣做饭，用一双巧手将她的四个弟弟带大。奶奶没有放弃学习，她成绩优异，考取了武汉大学。毕业后，她回到克拉玛依，成为一名文字工作者，为祖国边陲的文化建设贡献了自己的力量。奶奶，因为有你，文化贫瘠的边陲也开出花来。

正所谓：

粉淡香清自一家，秉烛而学贵在勤。

千言万语说不尽，一针一线总关情。

文 心 闪 耀

在第二稿的选材上，作者从独特性的角度对素材进行了增删，调整后，奶奶"勤劳能干""终身学习"两方面的品质都得到很好的表现。奶奶为"我"仿制名牌衬衫的事件，增加了奶奶缝制衬衫的细节，读来亲切可感。奶奶握着"我"的小手教"我"写字和在花下读诗文，两个故事让人感到脉脉温情。百川入海，文章结尾处交代了奶奶的生平经历，这与前面表现奶奶勤劳好学的品质很好地勾连起来，把人物放在时代环境中去看，让人物形象立起来了。

这篇作文中，"梨花"的线索贯串始终：开篇通过梨花回忆奶奶，引出故事；中间描写了奶奶在梨花下教"我"读书；结尾由梨花引出奶奶的生平经历，奶奶让祖国边陲开出文化之花。梨花的内涵丰富，既是奶奶和"我"之间故事的见证，也象征着奶奶的品质——高洁、质朴。语言上，点题的句子巧妙且不显得生硬："因为有你，生活的针脚也变得整齐而细密。""因为有你，我在读书声中看见了比梨花更美的东西。""因为有你，文化贫瘠的边陲也开出花来。"这让文章结构清晰，层层递进，从奶奶对"我"的照顾、影响到她对祖国边陲建设的贡献，升华了文章主旨。原来的文章结尾过于直白，没有文学美感。改后的文章采用了诗句的形式作结，向古典小说致敬，巧妙地点出了梨花、学习和针线，很好地对文章内容进行了收束，让人过目不忘，堪称点睛之笔。

📋 规律总结

1. 充实内心世界，提高对外界的敏感度

很多同学感到无事可写，往往是对生活不够敏感而变成了"铁石心肠"。打个比方：像素高的相机可以拍出一片叶子的叶脉，像素低的相机只能拍出叶子的轮廓和颜色。同样遇到一件事，有的同学认为无事可写，有的同学却能妙笔生花。只有充实内心世界，伸展感受世界的触角，不断提高对生活的感知力和敏感度，才能让更多可写的事走进你的视野。

2. 善于捕捉生命的火花，贮存生活中独特的点滴

写作是心灵和思想的投射，没有思维和心灵的碰撞，自然写不出好文章。傍晚的夕阳、物是人非的感慨、青春的萌动……都可以成为我们生命中的火花。当有触动、有思考时，要及时把点滴的独特感悟用笔留住，因为灵感往往稍纵即逝。不要觉得瞬间的感动微不足道，将这些火花贮存在写作的素材库中，才能让你人生的素材库越来越丰富充实。

3. 别出心裁，找到那个独特的素材

（1）发现独特的角度，写出独一无二的事件。

写作时，我们都希望书写惊天动地的大事，但生活中绝大部分都是寻常的小事。那如何标新立异呢？第一，可以找到独特的描写角度。写亲情的时候，妈妈送伞的素材已经被用"烂"，我给妈妈送伞却少有人写。母亲爱我，关心我的学习，我也体谅辛苦工作的母亲，为她送伞，来一场爱的"双向奔赴"，会让人动容。有些同学写人物往往会贴"标签"，写奶奶就一定写她疼

爱孙子，让孙子吃饱穿暖。撕掉"标签"，才能让每个人物都拥有独特的精神气质。奶奶可以是那个爱护孙子的长辈，可以是暮年依然热爱学习、喜欢新事物的"弄潮儿"，也可以是照着镜子涂口红再默默擦掉的普通女人。从独特的角度，就会看到每个人的独一无二。第二，可以写出独特的生命感悟。《赤壁赋》之所以流传千古，不是因为赤壁之下的清风明月，而是因为苏轼超脱的情怀和对人生的感慨。写作就是要在寻常之处寻风景，在寻常之处觅真谛。

（2）抓住生活中的戏剧冲突，写出故事性。

并非生活中的所有事情都能成为故事，日常琐事直接罗列出来只会变成流水账。在写作时，将生活中有戏剧性的、有冲突的点"抓拍"下来，适当加工，就会与众不同。平铺直叙不够吸引人，一波三折才精彩。《驿路梨花》写作者在山上迷路，遇到了一间有食物的木屋。作者想要找到恩人"梨花"表达感谢，在找"梨花"的过程中产生了一个又一个误会，终于找到了"梨花"。故事悬念迭起、一波三折。一个同学在作文中写她新出生的弟弟成为全家的焦点，她嫉妒弟弟。再到后来，弟弟逐渐长大，遇到最爱吃的东西要留给姐姐，在姐姐烦闷时成为姐姐的开心果。姐姐对弟弟的情感也发生了变化——"你分走了爸妈部分的爱，却给了我你全部的爱"。一波三折可以是情节上的，也可以是情感和认识上的，这样的文章读起来故事性更强。

（3）生发"动情点"，以情动人。

"情动于中而形于言。"写作时要在素材中生发"动情点"，这是文章情感的突破口。好的素材常常能牵动人心，引发共鸣。喷薄的情感抒发不在于直接抒情，好的素材本身就足以润物无声，打动人心。《秋天的怀念》中，母亲过世，史铁生和妹妹又去看菊花，明白了母亲没有说完的话。结尾没有撕心裂肺的呼喊，情感却直达人心，"子欲养而亲不待"，情感深沉，让人动容。

本讲精要 ✏️

　　本讲学习如何让记叙文的选材更独特。每个人的人生轨迹都不相同，所以每个人都可以拥有属于自己的素材库。每个人的人生故事就像繁星，熠熠生辉。写作就是要在众多星辰中，挑选出属于你的、最闪亮的那一颗星。

　　在素材库中选出最独特的素材，并不是一件难事。本讲从选材的过程提出建议：首先要培养一双慧眼，善于发现题旨中的要点，如描写对象、范围、示例和情感导向等。其次，要撬动表达的欲望，发现独特的生命体验。独特可以是独特的经历，也可以是在寻常的事件中产生的独特的感受。请尽可能多地把心中想到的素材都列举出来。最后，重中之重就是筛选素材。根据自己对素材的把握是否深入、体验是否独特、故事是否能打动人等角度进行筛选，发现夜空中为你闪亮的那颗星。

　　什么是好的素材？怎么才能发现独特的素材？本讲从选材标准上提出建议：找到叙事的角度，写出独特性；抓住生活中的戏剧冲突，写出故事性；捕捉"动情点"，生发情感性。除了以上三点，还要修炼内功，要提高对生命的敏感度，充实内心世界；善于捕捉生命的火花，贮存生活中独特的点滴，将它们流向笔端。

台阶 6

作文中如何进行小点透视

解决写作『以空对空』的问题

名师指导

○ 小点透视，提炼写作素材

○ 做一个有心人，细致观察日常生活

○ 努力发掘感性材料的内在意蕴

○ 善于通过细枝末节展现时代面貌

○ 处理好『大主题』和『小素材』的关系

○ 亮出有态度、有风格的自我表达，写出个性

扫二维码
听名师讲解

✏️ 写作困境

中学生在写记叙文的过程中比较突出的问题是"以空对空"。"以空对空"指文章言之无物、言之无我，让读者看不出作者要表达的到底是什么，也看不到作者的思想和灵魂。

写作"以空对空"的具体表现有两点。

一是言之无物：要么是无事可写，下笔东拼西凑，叙事三言两语、粗线条，基本全是概括笔法，在一些应该展开去叙述、去描写的地方却收住了笔，或一笔带过；要么是记流水账，看似洋洋洒洒数百言，其实言之无文，这是一种"伪充实""真空洞"。

二是言之无我：或是文字干涩无华，没有自身体验和心理感受的表达，作者置身于文外，写出的文章好似戴着钢铁面具，让人丝毫看不出喜怒哀乐，看不出爱憎，只有干巴巴的叙事；或是语言华丽，无病呻吟，刻意抒情，过分抒情，矫揉造作，极不自然。

造成写作"以空对空"的原因，从表面上看是同学们缺乏素材，在写作时抓耳挠腮不知道写些什么，只好拼凑事件或者堆砌辞藻；实际的深层原因是同学们将写作与生活脱离，忽略了将最真切的内心感受在写作中表达出来的要点。

其实，每个同学都有对生活的感受能力，但大家在写作中，往往受到写作时间或作文评分标准的制约，不能透过生活的表层去挖掘更加丰富的真善美的内涵，所以只能用或干瘪或浮夸的文字来描述这个绚烂多彩的世界。

🎯 核心指要

　　作文中的小点透视，即根据文章表达中心的需要，从小的角度切入，从细小之事、平凡之人、微小之物中挖掘其内涵，透视生活里的真善美。

1. 从细微中寻找创作源泉

　　写作不是生活的点缀，而是真实地演绎自己的人生。我们要保持一颗善于观察与发现的敏感之心，透过平静的生活，去发现那一片涟漪，让生活成为我们取之不尽的源泉。我们所处的世界是一幅博大精深、色彩斑斓的神奇画卷，敏感的同学能透过眼前事物捕捉到细微、新奇的一面；而应付写作的同学，则选择道听途说并加上自己的胡编乱造来呈现事件。当"假大空"的题材出现在作文中时，我们看到的是空洞、凌乱、生硬、趋同……那些善于发现生活、记录生活的同学，往往避谈生活中轰轰烈烈的大事，透过一株植物、一个普普通通的人、一件微不足道的小事，将生活中的美与丑淋漓尽致地展现出来。

例如写"温暖"这个作文题目，可写的内容很丰富，但最忌讳的是写爸妈关爱、老师呵护这样陈旧的"大路货"和那些动辄惊天动地的"大场景"，这样的文章过于空泛，不容易调动人们的情绪。所以要写好这篇文章，切口一定要小。微小的事件，往往会让读者的胸口涌起一股暖意。比如：电梯间里，你双手提满了东西，一不小心，东西洒落一地，一个打扮时髦的姑娘蹲下帮你一起捡；运动场上，尽管你是最后一名，但是同学们早已等在终点，待你跑过终点时，为你擦汗、递水。总之，最好选择那些微小却更富冲击力、能让人耳目一新的题材来写。

2. 细心感悟生活中的真谛

感悟重在一个"悟"字，作家佘树森先生对其做了以下解释："悟，乃是一种自由的、内动的、深层的思维活动，是一个知觉融于感觉的思维世界……人无深悟，文无深味，古今妙文，皆出自妙悟。"[1]感悟不是凭

---

① 潘大华，《构思与创造——写作技巧论》，华中理工大学出版社，2007年版。

空产生的，它是大量信息堆积心间，在自我酝酿中产生的，这种感觉只可意会不可言传。我们说作文是一种创造性的脑力劳动，它不是简单地重复生活，而是将生活的精华通过文字表达出来。

每次作文课，一些同学会不约而同地发出"没有东西写"的呼声，但他们口中的"没有东西写"是指缺乏新奇的、吸引人的、有趣味的材料。其实再平静的生活也会起波澜，再沉寂的心也会有沸腾的时候，同学们要关注平凡生活中人的所思、所想、所为，用发现的眼光来捕捉那些别人没有观察到的事物，将其背后的情感和意蕴表达出来，这才是文章的最大亮点。比如在写"长大"这一作文题目时，很多同学不是选择用身体的变化来见证这一过程，而是通过生活中一个又一个故事来感受自己的成长，在这一感悟过程中他们的心灵收获满满。学会骑车时的快乐，摔倒时的疼痛，与朋友分离时的伤心，与父母争吵时的悔恨……这些都见证了我们的成长，需要用心体悟，将其化为写作的素材。

3. 变换角度发现写作新意

生活不是一望无际的草原，而是高低起伏的山脉，在凹凸不平中我们收获了另一番美景，这正是生活最真实的写照。倘若只从一个角度观察事物，所得的画面难免单调乏味，不能勾起读者的阅读欲望；不如调整一下自己的姿势，转变观察的角度，一些司空见惯、习以为常的事物，也会引发人们的思考。

比如"变化"这个题目，很多同学都在写科技的进步、政策的变化、国家的变化……这样写不是不好，但你得有足够的材料和足够宽阔的视野。因为我们不熟悉这些大事，落笔就会显得空、虚、套话多，难以落到实处。体现"变化"的材料并不非得是国家大事，自己的生活经历同样可用，比如衣食住行。有个同学就很聪明，写家里通信工具的更新换代：小时候家里用固定电话跟远在深圳的亲人联系，后来父亲用上了传呼机，再后来又有了手机，现在可以用微信打视频电话了。这个过程写清楚，就足以体现出时代的大变化。

🔍 典型案例

（一）作文第一稿

生活中的小欢喜

朱高安

这个周末，生活带给我很多小欢喜。

第一重小欢喜：我在因做数学作业而无比烦躁时看到了最美的夕阳。快要期末考试了，周末的作业特别多，尤其是数学题，一个比一个难，正当绞尽脑汁也无济于事时，我抬眼望向窗外：夕阳无限好。太阳收敛了白天耀眼的光芒，褪去了正午炙人的灼热，在傍晚的静谧中显出一份如水的柔美。落日在西边的山峦上铺上一层金纱，又把万物都染成柔和的金红色。晚风轻拂，树枝徐徐摇摆着，天地在夕阳的深吻下笼罩在一片恬静温馨的氛围中。傍晚的太阳已失去了清晨的灿烂与朝气、正午的热情与骄人，但它自有一种含蓄凝重的美。夕阳像一位老人，岁月磨去了它的热情和骄躁，同时赋予它一种圣洁的成熟之美。望着它，我心中再大的波澜也会平静。夕阳轻柔地拂去我心头一切烦闷，让我的心中升腾出一种欢喜。

第二重小欢喜：妈妈做了我最爱吃的可口饭菜。正当我快写完作业时，一阵香味扑鼻而来，原来是妈妈做了我最爱吃的干锅包心菜和红烧小排。我恨不得立马冲过去大吃一顿。但我忍住了，赶紧做完了作业，然后冲到餐桌前大快朵颐。我拿起筷子，夹了一片包心菜叶放进嘴里，一股"辣流"分散开来，刺激着我的味蕾。红烧小排是妈妈的拿手好菜，我夹起一块小排，放在汤里蘸了蘸，又放在嘴里咬了一口，那肉一丝一丝的，咸而鲜的汁水喷到嘴里，再配上一些米饭，真是人间美味！欢喜之情从我的唇齿间一直传到了心田。

第三重小欢喜：我们一家人一起看了一场话剧。本来我是不爱看话剧的，我想周末去爬山，放松一下备考的紧张心情。可是妹妹执意要去看话剧，和妹妹猜拳我又输了，我只好委屈自己，成全大家了。怀着无奈的心情，我坐在剧场里，心思并不在舞台上。可是爸爸妈妈和妹妹都很喜欢话剧，我也就耐着性子看下去。没想到，当我静下心来观赏演出的时候，我发现演出其实很精彩。更令我欢喜的是，当话剧结束时，我们全家人都沉浸在欢乐的氛围里。我顿时觉得，我生活在一个无比幸福的家庭中，欢喜与感动无处不在。

感谢生活带给我如此多的小欢喜！

问 题 评 析

这篇作文的作者围绕题目中的关键词"小欢喜"选择了一系列素材，乍看还是比较符合题意的。但是读罢全文，我们始终无法真切地感受到一个鲜活的作者，更难以被这些文字打动。所以本文有为了写欢喜而欢喜的空洞化倾向。

本文的选材有"摊大饼式"的求大求全倾向，什么都想写，堆砌了一堆看似符合题意的事件，但都浅尝辄止。文中的第一重小欢喜是写夕阳美景拂去"我"在学业上的烦恼，所以作者把写作重点放在了描写夕阳景色上，文字美则美矣，却与生活割裂，变成了单纯写景。第二重小欢喜又开始写妈妈做的美味菜肴，仍然浮于表面，根本没有触及作者的内心。第三重小欢喜其实是最生活化的素材，作者在其中也最有情感触动，但是由于缺少了真实生活情境下的表达，没有具体有力的细节支撑，表达多用概括性词语，缺少过程性描述，点到即止。这些问题使得这篇作文看似内容充实，实则并不"情文并茂"。

面对写作，一些同学往往不从真实的内心出发，不找寻生活中的真善美，而去凑字数，拼段落，没话找话，敷衍成文；或者堆砌华丽辞藻，乍看很美，然而读者仔细咀嚼之后会发现其背后空无一物。归根结底，就是文章看似提及了一些"大道理""大思想"，看似很充实、有深度，实际上却非常空洞，缺乏打动读者灵魂的亮点。

提升建议

周国平先生曾言："如果一个人出自内心需要而写

作，把写作当作自己的精神生活，那么，他必然首先是为自己写作的。"①这要求同学们，在行文中要言之有物、言之有我，能从自己的生活中发现真善美，在字里行间有自己的情感渗透。

上文作者所选择的三个素材中，第三个与家人一起看话剧的素材是比较有自己独特的感受的——由最开始的不愿去看，再到后来的妥协，直到最后感受到家庭的温馨；但是由于缺少真实情境下的丰富细节，细腻的情感也就无从谈起了。所以作者不妨抓小放大，放弃前两个大而空泛的素材，重点回顾和挖掘在第三个素材中与家人的互动场景和自己的感受，然后从心出发，由内而外进行一系列独特而深刻的情感体验。这些体验是作者对自己的生活真切、真实感悟的结果，即戏剧表演里的"真听真看真感受"。我们用心去感悟生活和思考人生，才能真正领悟到生活的真谛，为文章平添几分情趣，才能真正写出生活里的小欢喜。

作者在修改作文的过程中，可以删去空洞的语言，同时在自己平实的生活中抓取让自己感受到生活美好的

①周国平，《人生哲思录》，北京十月文艺出版社，2019 年版。

小细节。生活中一个感人的镜头、一个不错的天气、一个缺乏幽默感的冷笑话……这些细节都会不经意间拨动你的心弦，带来丝丝惊喜，此时不妨挥笔成文，将那份感动记录下来。如朱自清的《背影》，作者将买橘子这一普通而又不平凡的镜头记录下来，含蓄地表达了父亲对儿子的关心与疼爱以及儿子对父亲的愧疚之情。如果作者选用其他的事件，那这一细微的画面就不会成为作者笔下的内容，更不会被奉为经典。

同时，作者还可以对自己有感触的生活片段进行艺术化提炼，也就是在写作中要变换角度、发现新意。变换角度、发现新意，不仅可以给人带来感官上的新鲜体验，还可以为文章找到一个有力的支撑点。

（二）作文第二稿

生活中的小欢喜

朱高安

"所以暂时将你眼睛闭了起来……"我戴着耳机，听着音乐。又是一个惬意安适的星期五，没有繁忙的课业，我不紧不慢地写起了周末作业。

妈妈的说话声随着楼梯上吱呀吱呀的脚步声越来越大："宝贝，这周末写完作业去哪里玩呀？""当然是去看海淀剧院新上的话剧嘛，我听表哥说……"妹妹夹杂着银铃般笑声的话语从楼上传来，想必她在背英语的时候又偷听了我和妈妈的谈话。我对话剧并无太大兴趣……唉！生活怎么这么缺少惊喜？

我摘掉耳机，放下手中的笔，徐徐开口："去西山爬山不好吗？最近空气质量多好。"妈妈抱着双臂，嘴角带笑，却微微皱起了眉，原本热切的眼神变得凝重，一看就知是犯了难。

一直未曾开口的爸爸在这个时候开口道："依我看啊，你俩既然各持己见，干脆就石头剪刀布，一局定输赢，如何？"我欣然同意。妹妹一脸不情愿地下了楼，双手握拳，皱着鼻子，竟也同意了这个方案。

一出手，我就输了。"那好吧，就去看话剧！"我心服口服，欣然决定一同前往。因为，学会包容，便是欢喜。

当话剧演到快要谢幕时，我的注意力已不在表演和舞台之上，往右一瞥，只见妹妹全神贯注地盯向前方的舞台，沉醉其中；妈妈和爸爸互相靠在一起，脸上洋溢着欢喜与幸福。天花板上的白光很是耀眼，刺得我几乎睁不开眼睛，可我的嘴角却也不知不觉地上扬——这一刻，我突然想到《安娜·卡列尼娜》的开头："幸福的家庭总是相似的……"相似的幸福有何不妥？这一刻，我很知足。

走在回家的路上，晚秋的风呼啸而来，我打了个寒战。妹妹快步走过来抱紧我，爸爸妈妈搂着我们，四个人在萧瑟中手拉手、心连心，忽然间我觉得秋夜也没有那么冷了。在路灯下，我们的影子交会在一起，被拉得很长。我们一起欢喜地向家奔去，不曾回头……

文 心 闪 耀

在第二稿中，作者进行了大刀阔斧的修改，从心出发，有感于自己家庭生活中最温情的时刻，写出了这样一篇看似平常实则充满温馨的作文。

　　文章开头，"我"和妹妹对于如何度过周末产生了分歧——这与莫怀戚《散步》中的一幕有异曲同工之妙。妹妹要看话剧，"我"要爬西山，妈妈不知如何是好，陷入了两难的境地，气氛降到谷底。这一矛盾冲突构成了情节的波澜。问题的解决是从爸爸让"我"和妹妹猜拳开始的。"我"虽然输了，却很快转变了心态，欣然与家人去看话剧。这正如很多多子女家庭中经常吵吵闹闹的经历一样，但是解决分歧的过程却让读者充分感受到了这个家庭的温暖。在看话剧的过程中以及一家人回家的路上，"我"更加深刻地感受到浓浓的亲情，终于收获了生活里的"小欢喜"，这与开头"我"感叹生活中缺少惊喜形成了对比。

　　在修改过程中，作者以小见大，懂得写作是将自己在生活中感受到的真善美艺术化地表现出来。与第一稿的浅尝辄止不同，第二稿中作者变换了写作角度，更加注重用丰富的细节描写展现人物内心的波澜起伏。心思细腻的"我"、活泼可爱的妹妹、努力想平衡两个孩子之间关系的妈妈、机智的爸爸，组成了充满欢喜和爱意的家庭，各具特色的人物形象使整篇文章非常具有代入感与可读性。

📋 规律总结

对中学生而言，在作文中表现真情实感，可以从小视角入手，选择小故事、小事件、小事物、小场景，将其置入大的背景之下，让读者去领悟其中的道理。

1. 以小事件折射大时代

通过记叙典型事件来展现社会生活的重大变革，从而直面社会、反映现实，展现自己的深刻思考，这是提升作文高度的必由之路。我们平时要关注生活、社会的重大变革，将看似普通的小事与重大的社会背景联系起来，增强自己对时代意识敏锐的捕捉力。陆定一的《老山界》就是以小见大写法的代表，如果没有革命乐观主义精神，红军长征就很难完成；作者写红军翻越老山界，就是为了突出长征的艰苦与红军的乐观。作文要想表现出高度，就必须把眼光放在时代的大潮上，必须关注时代的大事件与大变革，记录有时代特征的点滴小事，展现出自己的社会责任感与思考，这样的作文，才可能有高度。

2. 以小人物见大社会

以小人物见大社会，就是把生活中平凡的小人物作为写作对象，通过塑造小人物形象来折射大时代、大社会，彰显小人物伟大的人格，从而起到激励、感化读者的大作用。杨绛的《老王》无疑是通过刻画小人物来映射大社会的典型之作。文中的老王只是生活在底层的小人物，他仅有一辆破旧的三轮车，没有亲人，没有房子，凄惶而无所依靠。作者为什么要写这样的小人物？因为老王身上的许多美好品质，如勤劳、善良、感恩等，让这个小人物不"小"。学生把目光回望到身边的平凡却伟大的人身上时，一定能看到小人物所映射的大社会，这样的作文，注定高度不凡。对于普通人而言，我们并没有多少机会认识那些能改变时代进程的伟大人物，更不可能亲临重大事件的现场。将目光放在普通劳动者身上，从他们身上发现美好品质，这无疑会提升文章的高度。

3. 以小物件凝结大思考

"一花一世界，一叶一菩提"，世间万物皆能触发人的思考。如果写作者从普通物件着手，写出内心的体验，一定能打动人心，也能使文章有高度。如宗璞的《紫藤萝瀑布》，作者之所以写紫藤萝这不起眼的花，是因为紫藤萝和人的命运相似，在历史的进程中注定要遭遇各种无可奈何的悲哀和不幸；紫藤萝与人的品质接近，都具有身处逆境而意志顽强的品质。景与物一旦与时代、生活这个大背景相联系，文章就会有不一样的高度。由此可见，"小物件"不小的关键在于"小物件"能触动生活感悟，能引发读者对社会、对人生的大思考。

本讲精要 ✎

材料上的空泛和情感上的苍白，使得很多中学生的作文呈现出"以空对空"的写作倾向。这些空洞的作文文字很华丽，语句也很畅快，但是让人读完之后有不知所云的感觉，不知道讲述的到底是何物或者何事。有的文章还提及一些比较空泛的"大道理""大思想"，文章看似很有深度，但实际上非常空洞，缺乏打动读者的"灵魂"。

巴尔扎克说过，成功的作品"就是用最小的面积惊人地集中了最大量的思想"。从小事件、小景物、小人物着笔，往往能写出"用最小的面积"惊人地揭示出大主题的文章来，这正如宗白华在《美学散步》中指出的那样："艺术的表现正在于一鳞一爪具有象征力量，使全体宛然存在，不削弱全体丰满的内容，把它们概括在一鳞一爪里。提高了，集中了，一粒沙里看见一个世界。"[1]实际上，我们的生活丰富多彩，要学会用小点透视选取、提炼生活中有意义的写作素材，从小事中体悟生活的韵味和哲理，进而克服作文空洞的毛病，培养写作的创造能力。

---

① 宗白华，《美学散步》，上海人民出版社，2016 年版。

　　中学生正处于人生最美好的阶段，日常的所观、所感、所悟均源自对生活的独特认识，这是一笔宝贵的写作素材。首先，要做生活的有心人，学会细致地观察日常生活。事实上，时常感动于生活中的缕风片云，珍惜自己在人生道路上的点滴感受（不要怕它不成熟、不完整），努力发掘感性材料的内在意蕴，是写好"以小见大"类文章的关键。其次，要联系实际，善于通过细枝末节展现时代面貌（包括现实中存在的问题）。最后，要准确处理"大"和"小"的关系，力求处处在写"小"，又处处在表现"大"：既要"一览众山小"，又要"一叶而知秋"；既要透过现象看清本质，又不能脱离事件、人物等的实际情况"为大而大"，随意拔高作文主题。

　　作文题目具有高度的概括性、抽象性，而写作者在写作过程中要有透视生活的眼光，化大为小、化抽象为具象，这是体现写作者自我意识、写出个性的必由之路。因此，我们可以联系生活中的很多事实或社会上的诸多现象进行思考，聚焦自己感受最为深刻的一点展开写作，写出针对性。写作从本质上讲是一种自我表达的方式，不论面对什么样的主题，写作归根到底还是要向读者勾勒出清晰的自我。要想让作文内容与情感不滑向空泛的深渊，就要让自己被 "看见"，就要亮出有态度、有风格的 "小我表达"，要从 "群体" 走向 "个体"，唯其如此，我们才能从千军万马中脱颖而出。

台阶7

锻造作文的「金」：专题化积累与不厌其改

提升写作能力的关键两步

名师指导

○ 对写作恐惧的根源在于知识与经验的积累不足

○ 广泛而深入的阅读，是积累素材的重要途径

○ 勤写作并细致修改，是提升写作能力的关键

扫二维码
听名师讲解

📝 写作困境

作文是语文学科核心素养的综合性体现,而考场作文更因其"限定性"与"限时性"等特点成为评估学生语言文字应用能力、逻辑思维能力与审美鉴赏能力的重要依据。但是一提起作文,很多同学的第一反应是"怕"。"怕"的原因无外乎两点:一是不知道写什么,二是不知道怎么写。究其原因:一方面是素材储备不够或者积累不成体系,以至于在限时的情况下,同学们无法快速且准确地提取并运用素材。另一方面是平时修改作文的次数少,虽然练习的数量多,但是缺少反复修改的过程，导致写作水平没有明显提升，文章可读性不强。

其实，导致以上问题的根源在于有相当一部分同学对语文的学科特点认识不足。

语文的第一个特点在于其人文性，这也是它最重要的特性。简单来说，人文性就是指语文这一学科是与我们的个体生命、精神、心灵息息相关的。我们在作文中应该表现出来的是一种真实的、有个性的、闪耀的生命特质。

如何用文字准确地表达我们的内心世界、呈现我们的生命状态呢？这需要多读、多记、多写、多改。这也就涉及语文的另一个特性——工具性。语言文字是我们日常交流的工具，也是表达自我的工具。认识到了语文的工具性特征，我们就能理解为什么老师总是让我们多积累好词好句了。

由于对语文学科的认识不足，部分同学没有形成语文的学科思维，简单地认为提升作文质量的方式就是大量摘抄和大量练笔，这是不够准确的。

🎯 核心指要

1. 专题化积累:锻造自己的"金"

积累是为了应用。积累并不仅是摘抄词句,也不仅是积累名人故事,更是积累行文思路,积累创新思维,更新我们看世界的方式,进而拓宽自我的视域。然而如果只是为了完成语文老师布置的作业或者只是为了看着笔记本上满满的字而获得视觉上的满足,那么这样的积累给我们带来的可能更多的只是时间上的负担。那么,我们该如何把积累这件小事的作用发挥到极致呢?专题化积累是一个很好的途径。

专题化积累就是按照话题或者人物把素材进行有序归类。这样做的第一个好处是可以在自己的素材库中形成一个辐射型的知识链,我们面对某一话题时,可以从头脑中快速提取一个素材板块,增强素材的应用性。第二个好处是可以帮助我们对话题进行深入探究,进而形成自己独特的、个性化的素材积累。具体来说,深入探究可以从以下两方面入手。

（1）根据一个话题，寻找不同的表现角度。比如我们在积累"勇气"这一话题时，会发现有的人敢于迎难而上是一种勇气，而有的人选择知难而退亦不失为一种勇气；有的人舍小家为大家是一种勇气，而有的人敢于拒绝名利诱惑亦是一种勇气……我们在不断积累着关于"勇气"的素材，其实也是在不断完善自身对这一话题的理解。有了丰富而广博的积累，我们才能在作文中表现出独特而巧妙的视角。

（2）思考语言与内容之间的关联。在积累素材的时候，我们还要关注作家的语言风格，并在此基础上深化对写作内容的理解，整体提升写作的能力与水平。面对一篇作品，我们要思考：作者的思维过程是如何建立的？作者是如何巧妙地、有序列地组建这些有价值的内容的？例如，我们在整理与鲁迅有关的素材时，不仅要体会鲁迅的语言艺术，还要思考鲁迅的思维超越常人的地方在哪里。我们对主体内容有了深入的理解后，还要不断地丰富自己的情感，积累自己的语言，进而形成阅读与写作之间的关联。

2. 不厌其改：打磨自己的"金"

写和改是作文练习过程中重要且关键的两个步骤。但在日常的学习生活中，多写和勤改往往不能兼顾。因为我们的学习时间有限，多写很难落实，这就需要在勤改上下功夫。

改，是提升写作能力的最重要的途径之一。改，是把一些飘忽隐约的、自己感知到了但还不能确定的想法落实的过程，是思维实现质的提升的过程。很多同学在听取了老师的修改建议后，自以为思想上的"知道"就是写作水平的提升。但是，"知道"和"理解"是有着天壤之别的两个概念，"知道"不等同于"理解"。有时候"知道"是一种表象，是浅层次的意识；而"理解"是内化于心、外化于文的过程。从"知道"到"理解"还有很长的一段路要走。那么，怎么走完这段路？改，是极为重要的一个途径和方式。只有反复修改，我们才有可能实现写作能力的提升与思维的发展。

当然，不改只写或许也能起到一定的效果，但是过程会非常漫长。不改只写很可能是在重复生产"劣质产品"，原地踏步。而真正的写作，尤其是生长式的写作、发展式的写作，应当"每一文出，必求有过人之处"（连中国语）。像登楼梯的台阶一样，我们要脚踏实地，一个台阶一个台阶地走上去，成就自己。

因此，提升写作能力的途径不仅在于改，还在于不厌其改。一篇作文从生成到变成高分作文，需要经过多次打磨。

🔍 典型案例

（一）作文第一稿

琴韵悠悠

李诗琪

琴声如流水般传来，缓慢却不失气韵，每个音阶似乎都容下了一方天地。

我揉着惺忪的睡眼，望向窗外。空气有些许湿润，朝露还未消失，淡淡的粉红晕染了天际，人们已陆续醒来，走出门呼吸新鲜空气。

一位老者坐在人来人往的路边，安静地拨弄古琴的琴弦，间或有一两声鸟鸣相和。他的手指灵活地在弦上翻飞，时而看似不着力地轻挑纤细的弦，时而按住弦来回滑动，时而又在弦上轻轻一拨。这古朴甚至有些老旧的琴，仿佛因他的指尖而有了灵气，每一根弦都焕发出新的光彩。

路人大多不屑一顾，但也不时有人驻足倾听。听者脸上有享受，也有赞叹，甚或在一曲结束之后为他喝彩。老者的神色始终淡淡的，宁静而祥和。

老者不是第一天在这里演奏了，开始时我只以为他是个技艺精湛的寻常街头艺人，正欲给他些钱作为他给我带来的听觉享受的回报时，却被他制止："我不是在卖艺，不收钱。"他的语气坚定而骄傲。我忙道歉，怕伤到他的自尊心，他摆摆手："好些人都这样以为，但我不是为了钱而演奏。"我有些好奇，与他聊过才知道他是位大学教授，曾在古琴方面颇有造诣，却因各种原因中止了抚琴，退休后打算重新开始演奏，于是日日来到这里，不仅为了练习，更为了让更多的人了解古琴这门乐器。"现在还有多少人真心喜欢古琴呢？"他的语气中隐隐透露出些许无奈，"怕是连见过的都很少了吧？我当年也不应该放下它的，这么多日子没碰，它都睡着了。"老者爱惜地抚触琴弦，像是在抚摸沉睡的知己。老者笑了，看向古琴的目光里满是柔和。

又是一个清晨，老者一如既往地弹奏古琴。我微笑着下楼，看到老者前面围了许多人，他们在为他鼓掌，小孩子吵吵嚷嚷地说要学习古琴，如此热闹，我竟丝毫不觉纷乱，反而感到那样美好。隔着人群，我望见老者的嘴角扬起一个温暖的微笑。他的心灵许是已经涤荡尘埃，回归本真了。

琴韵悠悠，久久不散。我想：抚琴带给人的不仅仅是悠扬的琴声，更是对人生与天地的思考。那一刻，我好像也成了古之隐士，静享着琴声带给我的精神上的安歇与超然。

问 题 评 析

　　这是一篇以"我与传统文化"为主题的作文。从选材上看,这篇作文合乎题目要求。"我与传统文化"这个主题需要写出"我"与"传统文化"之间的故事,可以写我学习传统文化的过程,也可以写传统文化带给我的精神启迪。

　　从立意上看,这篇作文的中心不明确也不聚焦。作者究竟是想突出"文化的传承困难重重",还是想突出"古琴对老人有重要意义",又或是想突出"老人弘扬古琴文化给我带来精神启迪"?这篇作文似乎都有所涉及,但都没说清楚。

　　从内容编排上看,这篇作文缺少一条能够贯串全文的主线,线索的缺失导致整篇文章信息繁杂,如同散沙。另外,这篇作文读来没有节奏感,如一马平川,缺少起伏,缺少文字的编排,重点不突出,没有令人感动或震撼的力量。

　　从情感上看,作者的情感好似云遮月,淡淡的,并不明朗。老者给"我"的心灵启迪一笔带过,然而这部分恰恰是最重要的。从老者的角度说，老者对于古琴的情感和体悟似乎也没交代清楚，文中并没有太多关于老者对古琴喜爱或传承的镜头。

总而言之，这篇作文虽然符合题目要求，看似视觉盛宴，实则效果平平，不能打动读者。

提升建议

这篇文章最大的问题在于自始至终一个调子，像一首催眠曲。因此，作者可以改变信息的顺序，例如使用倒叙法或插叙法，将当下的"我"对音乐的理解与感悟放在开头位置，然后引出"我"的认识发生变化的原因。调整信息出场顺序，会为文章增加些许趣味。

文章的关键信息是老者这一人物形象，但是关于他的一些重要信息文中没有交代，导致读者阅读起来无法共情。作者可以进一步丰富老者的形象，例如他的外貌特征、神态气韵、举手投足等，强化他对古琴的态度和理解，搭建他帮助"我"实现精神跨越的桥梁。

另外，这篇作文的作者有学习乐器的真实经历，也与文中的老者有过关于音乐的讨论，甚至有过一次与他合奏的经历，是不是可以对其进行场景还原，使老人与"我"在文中的关联更密切？

当然，文章还可以巧设一些波澜。例如，在围观的人群中是否也出现了不理解的声音？老者或者"我"又是如何处理的呢？作者可以从这些方面进行思考。

（二）作文第二稿

琴韵悠悠

李诗琪

琴声幽远，和缓而不失苍劲；笛声空灵，清越而不失筋骨。音符跳跃间似乎可见自然、见万物、见天地。

演奏古琴的，还是那位老者；以笛声相和的，是我。

半年前，我学笛进入瓶颈期，吹奏技巧没有问题，但对于传统曲目，我实在无法从沉闷的节奏中获得精神的愉悦。

我记得，那天的空气有些许湿润，朝露还未消失，淡淡的粉红晕染了天际。不知从哪里传来古琴声，是《梅花三弄》——一首我始终体会不出美感的曲子，没想到它在古琴的演奏下竟别有韵味，我不禁听得出了神。

因声寻人，只见一位老者坐在木桥旁的石凳上，专注地拨弄着琴弦。老者身着深蓝色的盘扣布衫，端坐如莲，神态平和。他的手指灵活地在弦上翻飞，时而看似不着力地轻挑纤细的弦，时而按住弦来回滑动，时而又在弦上轻轻一拨，弹出清澈的泛音。这古朴甚至有些老旧的琴，因他的指尖而有了气韵。

听路人说，老者不是第一天在这里演奏了。起初大家以为他是个年迈的街头艺人，纷纷要给他钱，他却平淡而坚定地摆摆手："我不是在卖艺，不收钱。"在老者的琴声中，我感知到了一种独有的深沉和缓的气韵，这种气韵里似乎有高山流水，有鸟兽虫鸣，有人生感悟，有传统文化……这种气韵是我在培训课上、在考级目标的追逐中从未感悟到的，那是一种极为高远的意境。那一刻我忽然觉得，我们的传统曲目，有一种别样的美。

说实话，我打心底敬佩起这位老者来。

后来，与他聊天我才知道，他是位大学教授，曾在古琴方面颇有造诣，后来因种种原因暂时中止了抚琴，退休后又想起这门技艺，重新开始演奏。"你问我笛子方面的问题，我回答不了。但是，我想，乐器都是相通的，对曲子气韵的要求也是相通的。无论你用哪一种乐器演奏，最重要的是把你的心、你的理解放进曲子里。'技'固然重要，'道'才是音乐的灵魂。你可以花一点时间去细细体会乐曲中传递出来的意境美、文化美，最终要让音乐表达你心底的诗情。"后来我问自己：对于乐曲，我有没有真心喜欢、用心演奏过呢？想到这儿，我觉得很羞愧。

再后来，我经常去听老者弹琴，更多的时候是特意拜访。老者的从容与深邃引领我去思考、品悟音乐中传递出来的意蕴与诗情。

又是一个清晨，我拿上笛子，伴着一两声鸟鸣，伴着天边灿烂的朝霞，赴一场丝竹袅袅之约。

文 心 闪 耀

在第二稿中，我们看到作者灵活运用了倒叙、插叙的手法，对叙述顺序做了调整，调整之后的文章出现了波澜，增强了可读性。另外，文中多次出现时间词，如"半年前""那天""后来""再后来""又是一个清晨"等，增加了时间的纵深感。每一次"我"与老人相遇都有独到的收获，深化了文章的情感。另外，开头和结尾也有较为不错的呼应。从结构上看，文章的层次性较第一稿有了大幅进步。

关于老者的形象，作者进行了丰富与优化，交代了老者对音乐的理解与体会。从老者的琴声、老者弹琴的动作、老者对音乐和文化的理解等方面，作者获得了关于音乐更为深刻的感悟和反思。由浅入深的编排使作者的情感完成了转变，文章具有了张力。

作者在第二稿中加入了自己与老者合奏的经历，这一部分是作者对生活场景艺术化处理的结果。其实我们的生活经历就是很有价值的写作素材，我们在写作时可以选取其中对表达主题有效的部分，这样不仅增加了文章的真实性，也增加了文章的可读性。

📋 规律总结

1. 从生活经验和阅读经验中寻找立足点

一篇好的记叙文不仅要情节紧凑、内容扎实，更要讲究选材立意。选材立意不仅影响着故事的能量，也在很大程度上决定了故事是否能打动读者。

而准确选材的前提是我们积累了一定量的专题式素材，在此基础上，我们要进行明确的规划和设计。例如："我想写一个关于什么的故事？""我的生活经验和阅读经验中有哪些素材是可以参考的？""我想表达怎样的主旨？"当这些问题有了较为清晰的答案时，我们再动笔行文，可以达到事半功倍的效果。

2. 反复修改，打磨成文

在修改文章的过程中，我们要注意根据文章内容的特点来把控文章的张力。例如，对于意境深远的情节，我们可以加上环境描写来烘托意境；对于矛盾突出的部分，我们在处理时可以尽量使用短句，增加情节的紧张感。另外，好故事讲究的是一波三折，在读者最意想不到的地方将情节推至高潮，再在读者最意犹未尽的时候戛然而止。作者也可以根据故事特点，设反差、找阻碍，增加故事的趣味性与可读性。好文章不厌其改，在反复打磨中，我们的文章结构、表达方式、叙事节奏才能更好地表现出来。另外，多改也是对自我思维不断修正的过程，思维能力提升了，我们的写作能力才真正获得了提升。

因此，专题化积累和反复修改是作文提升路径中必须走稳的重要两步。

本讲精要

写作能力的提升无外乎两个方面：一是积累，二是打磨。积累是根基，而素材的专题化积累可以让根基更加稳固。在积累的过程中，我们不仅可以扩大素材的广度，还可以打磨素材的精度，让素材与我们的情感产生共鸣，生发有生命力的内容。打磨，即不厌其改。在修改的过程中，我们将信息不断搭配、重组，使其生成独有的个性化表达。

当然，每个人的喜好不同，同学们在平时的写作过程中，要注意进行个性化积累与表达，写出自我、写出真我。毕竟，锤炼于考场外，才能闪耀于考场内。

台阶8

观照生命，让人物成为独特的那一个

以发现之笔赋予人物生命个性

名师指导

○ 转变观念，认识个体生命的独特价值

○ 品鉴交流，学习表现人物个性的写作方法

○ 观照生命，积累表现人物个性的独特素材

○ 发掘精神，明确塑造人物的创作动机

○ 谋篇布局，塑造独一无二的艺术形象

扫二维码
听名师讲解

📝 **写作困境**

在记叙文写作中，同学们所塑造的人物常常存在脸谱化、模糊化、丧失生命个性与独特光辉的问题。比如，作品中出现的亲人或同学的性格、行为方式都如出一辙，让人觉得千人一面。这种问题的产生往往和下面两点密切相关。

（1）同学们缺乏对个体生命的关注，导致笔下的人物成为丧失个性的符号。罗丹曾说过："生活中并不缺少美，只是缺少发现美的眼睛。"同样，生活中也并不缺少个性化的人物，而是缺少对个体生命独特性的关注和挖掘。这一切都源于我们缺乏对个体生命价值的尊重与珍视，进而导致我们忽视个体生命的思想情感与行为追求，写作时不用心灵去发现人物内在的独特性，而是简单地把人物等同于身份符号，如父亲就是父亲、祖母就是祖母等。

（2）很多同学在写作时存在惰性思维，缺少对人物的观察，导致作品中的人物雷同。他们在塑造人物时，不进行积极思考，在选材、立意上人云亦云，惰性思维取代了对人物的真切感受，导致事件千篇一律，人物丧失独特性。

🎯 核心指要

1. 转变观念：认识个体生命的独特价值

　　同学们可以通过鉴赏经典作品及同龄人的佳作中个性化的人物形象，转变观念，认识到个体生命的独特性及其对文学作品形象塑造的价值，学习用独到的眼光发现生活中人物的独特之处。例如，朱自清《背影》中父亲的形象贵在自己身处潦倒困厄之中还要坚持去给儿子送行，穿过铁道为儿子买橘子。作者的父亲年轻时也曾"独立支持，做了许多大事"，而此时却交卸了差事，变卖了家产以填补亏空。作者正是以悲悯的情怀观照了父亲晚年的颓唐，愈发凸显出这种境况下父爱的可贵。如果缺乏这一悲悯的观照视角，《背影》中的父亲就很难具有这种感人肺腑的力量。朱自清的《背影》也正因抓住了父亲境遇的独特性而凸显出变故中亲情的价值，因而具有了典型性。

2. 借鉴方法：学习经典作品塑造人物的方法

同学们可以探究经典作品中塑造个性化人物的方法，从创设人物的动机、独特的写作视角、彰显人物性格的情节设置和凸显人物个性的细节描写等方面，学习经典作品表现人物个性的方法。例如，鲁迅的《祝福》塑造了祥林嫂这一独特的人物形象，其目的是揭露封建礼教"吃人"的本质。为了展现祥林嫂是怎样逐渐被"吃掉"的，鲁迅把写作的视角聚焦在祥林嫂的几次精神变化上，并通过祥林嫂被婆婆掳走卖掉、阿毛被狼吃掉后祥林嫂被赶出家门、祥林嫂捐门槛后鲁四婶仍然不让她碰祭品等重要情节一步步把祥林嫂的精神"逼"向绝境，在细节上又通过几次典型的眼睛描写来凸显祥林嫂的精神由具有生命力到完全崩溃、麻木。这样，一个深受封建礼教毒害而逐渐走向死亡的独特的劳动妇女形象就生动地呈现在了读者眼前。

3. 积累素材：捕捉人物独特的生命历程和行为表达

创作个性化人物的一个重要前提是积累素材，有了丰富的素材，才有可能真正地了解人物，深入人物的精神世界。对话与观察是捕捉人物独特性的有效手段。我们在对话与观察时，要注意以下几点：敞开心灵，与人物展开"灵魂对话"；列出会谈提纲，记下对方生命中的独特经历、事件、思想感受和价值追求等；留意细节，通过观察，发现、记录对方的独特态度与行为。

4. 调查体验：探索人物的生活环境与内心世界

我们可以通过多样化的调查方式，尽可能地把握有关人物的各种独特经历。有可能的话，到人物生活、工作的环境中去，以便深入地体验其独特的经历和内心世界。例如，在《平凡的世界》的创作过程中，路遥为了把煤矿工人的生活写得更精彩，以更好地凸显孙少平的内心世界，选择了到煤矿去调查和体验生活。写作者拥有这样的调查和体验，才能让作品更加真实和深刻。

5. 思考沉淀：把握人物的生命特质

在观察、了解人物，积累个性化素材的基础上，同学们应想想，与其他人物相比，你所要描写的人物的生命特质是什么，人物有哪些独特的精神，塑造这一人物有怎样的价值，并把相关思考记录下来。任何一部好的作品，其塑造的人物都一定具有生命特质和典型意义。例如，《阿Q正传》中阿Q的特质是精神胜利法，鲁迅塑造这一人物旨在揭示国民精神的劣根性，引起疗救的注意。《边城》中翠翠这一形象的特质是纯真，沈从文塑造这一形象旨在呈现人性之美，引起人们的思考。我们在塑造人物时，也应抓住人物的特质，并思考呈现这一人物特质的意义。

6. 自由创作：塑造人物独特的艺术形象

在把握住人物的生命特质后，同学们就可以进入"以情运笔"的自由创作阶段。"以情运笔"指的是以对人物的情感为"总指挥官"，调用最能凸显其生命特质的素材，塑造独一无二的艺术生命形象。《百合花》表达了作者茹志鹃对战争摧毁美好青春与生命的叹惋，塑造了一位质朴、羞涩、纯真的小战士形象。为了表现对美好青春与生命的惋惜，作者特意塑造了一个新媳妇的形象。在《我写〈百合花〉的经过》中，茹志鹃谈到塑造新媳妇时说："我麻里木足地爱上了要有一个新娘子的构思。为什么要新娘子，不要姑娘也不要大嫂子？现在我可以坦白交代，原因是我要写一个正处于爱情的幸福之旋涡中的美神，来反衬这个年轻的、尚未涉足爱情的小战士。"①处于爱情幸福旋涡中的新娘子，正可以和

---

① 茹志鹃，《漫谈我的创作经历》，湖南人民出版社，1983年版。引文中的"麻里木足"出自江淮方言，可理解为麻木不仁、糊里糊涂、粗心莽撞等。

一个青春勃发但还没有涉足爱情的年轻战士形成对比，使我们对小通讯员的死产生痛惜之情。可见，作者的思想感情倾向，直接影响人物形象塑造，决定着在作品中要表现什么和写什么。

🔍 典型案例

（一）作文第一稿

父亲的浪漫主义

郭锴诺

在我心中，父亲是个浪漫主义者。他爱笑，爱写散文诗；停电的夜晚，会给我和母亲准备烛光晚餐；圣诞节，会扮上圣诞老人给我们送上礼物……在数不尽的时光里，他给了我们无尽的色彩和惊喜。但最让我感受到父亲浪漫的，还是记忆中的那个夏夜。

那是一个盛夏，窗外蝉鸣聒噪。父亲外出应酬，我便和母亲在家等他回来。小孩子的感情总是"黏糊糊"的，傍晚时分，我坐在电视机旁，抱着那时候常用的座机，飞速按下一串数字：一次，无人接听；再一次，又一次，一次又一次……大概打了十几次，都无人接听。小孩子心里总是爱乱想，我害怕父亲出事。最后，我在担忧中抱着座机睡着了。

当我再次醒来时，夜色很深了。我睡眼惺忪地走向卫生间，突然看见墩布桶里插着五朵红色的玫瑰花，我瞬间就兴奋起来。

这时我听见厨房里传来一阵声音，就趿拉着拖鞋走过去，只见母亲正在一边用棉签蘸取碘酒，一边说："没事爬什么栅栏，早就不是年轻小伙子了。"我再走近一点，看见爸爸那粗壮的小腿上布满了一道又一道的血痕，可他却一副不在意的样子，倚靠在窗边。他见我过来，拍了拍我的头："看见卫生间的玫瑰了吗？爸爸特意从饭店带回来的，那是在醒花呢。电话，爸爸是真的没听到，不过你看，爸爸这不是回来了吗？"我当时已无心听这些，蹲下来看着母亲为他上药。褐色的药水覆盖着伤口，爸爸的脸上却没有任何疼痛的表情。然而，我却在一瞬间，看到他的嘴角微微抽动了一下。"没事，没事。"他重复着对母亲讲，接着拉我回到房间，在我躺下后给我披好被子，亲了亲我的脸蛋，向外走去。昏暗的房间里，他那高大的背影被拉得很长。我知道他很疼，因为他走出房间的这一路，走得摇摇晃晃。

第二天清晨，我又看见了他那如初升太阳般的笑容。他手里捧着的玫瑰，开得正好。

后来，我才知道，他看见未接来电的记录，为了抄近道尽早到家，翻过了两米多高的铁栅栏。

人们总说，爱写诗的人最浪漫。父亲也爱写诗——写散文诗，但他总把自己长久又深沉的一面写在他的散文诗里，带给我们的，却是永远的微笑和惊喜。我想：为爱而赴汤蹈火，掩藏忧伤，这就是最深刻的浪漫主义，像那夏夜的玫瑰，绚烂无比。

问 题 评 析

这是一篇描写父亲的文章，作者通过写父亲在夏夜为了早点赶回家而攀越两米多高的铁栅栏，并带回五朵玫瑰花来表现父亲的浪漫主义，可以说，无论在选材和立意上，都颇具特色。但从表现人物个性的角度，这篇文章在选材和立意的处理上仍有缺陷。细读文本，我们可以发现，文中的父亲是一个有故事的父亲。文章的开头，作者就提到，父亲爱写散文诗；文章的结尾，作者又提到，父亲把他"长久又深沉的一面"写在了他的散文诗里。那么，父亲"长久又深沉的一面"到底是什么？他为什么只把它写在散文诗中？这和父亲的浪漫主义又有什么关系？如果能把其中的缘由和关系写透，这篇文章会更加动人，也更能表现父亲这一人物的个性。

为什么一个有故事的父亲在文中露出了"冰山一角"后，就难见"真容"了呢？究其根本，是因为同学们在写作时，受到"自我视角"的限制，大家眼中的亲人，常常只是爱护自己的对象，而非独立的、具有个体生命历程和特征的人。这样一种视角，使生命和生命之间形成隔阂，不能真正走进和洞悉对方的精神世界，因而也就无法更好地呈现人物的个性特征。

提升建议

这篇作文在修改时需要从转变观念、积累素材、谋篇布局这三方面入手。

首先，转变观念，认识到塑造人物应表现其作为独立的生命个体而具有的精神特质，从而突破惯常的写作视角，还原父亲独特而完整的生命形象。

作为子女，同学们在塑造自己父母的形象时应该表现他们的什么？是一味表现他们对子女的爱，还是表现他们更为独特、丰富的"自我"？就这篇作文而言，作者在文中已呈现出父亲浪漫温情的一面，但这一面只局限在父亲对妻女的爱中，缺乏父亲独特的生命形象。作者要突破写作视角的局限，不仅要关注父亲对妻女的爱，更要关注父亲作为一个独立的人，他独特的生命历程和内在精神，这样才能写出父亲身上更为深层的浪漫。

其次，积累素材，通过阅读、思考、对话、观察，走进父亲的内心世界，了解人物独特的生命历程和精神追求。根据文中父亲这一人物的特点，作者可以从以下两个方面来做素材积累的工作。

（1）在父亲允许的前提下，阅读父亲的散文诗，走进父亲的内心世界。在阅读时，记下那些触动内心的内容，并思考这些内容为何触动了自己，它们表现了父亲怎样的浪漫。

（2）和父亲进行心灵对话，对话前将自己想要深入了解的内容列好提纲，通过对话深入了解父亲独特的人生经历和精神世界。

最后，"以情运笔"，谋篇布局，思考自己最想表现父亲怎样的个性特征，通过哪些典型事件和细节来表现其特征，以塑造父亲独特的艺术形象。

就这篇文章而言，作者只有通过梳理与思考，明确自己想通过对父亲的塑造表达怎样的情感，表现父亲怎样的浪漫主义，才能以情感为"总指挥官"，选择和调用最能凸显父亲的浪漫主义的典型事件和细节，为表现这一精神服务，让文章充满情感。

（二）作文第二稿

父亲的浪漫主义

郭锴诺

在我心中，父亲是个浪漫主义者。他爱笑，爱写散文诗；停电的夜晚，会给我和母亲准备烛光晚餐；圣诞节，会扮上圣诞老人给我们送上礼物……在数不尽的时光里，他给了我们无尽的色彩和惊喜。但最让我感受到父亲浪漫的，却是记忆中那束永不凋谢的玫瑰。

那是盛夏的一个夜晚，父亲外出应酬，我和母亲在家等他归来。小孩子的感情总是"黏糊糊"的，傍晚时分，我因思念父亲，给他拨了十几通电话，他却没有接听。最后，我在担忧中抱着电话睡着了。

我再次醒来，睡眼惺忪地走向卫生间时，突然看见墩布桶里插着五朵红色的玫瑰花，同时听见厨房里传来母亲关切而又略带责备的声音："没事爬什么栅栏门，早就不是年轻小伙子了。"我走进厨房一看，母亲正在用棉签蘸取碘酒为父亲的小腿消毒，而父亲那粗壮的小腿上则布满了一道又一道的血痕。原来父亲看见未接来电的记录，为了抄近道回家，举着玫瑰花翻过了那两米多高的铁栅栏……

父亲看见我过来，拍了拍我的头："看见卫生间的玫瑰了吗？爸爸特意从饭店带回来的，那是在醒花呢。电话，爸爸是真的没听到，不过你看，爸爸这不是回来了吗？"

我当时已无心听这些，蹲下来看着母亲为他上药。褐色的药水覆盖着伤口，爸爸的脸上，却没有任何疼痛的表情。然而，我在一瞬间，看到他的嘴角微微抽动了一下。"没事，没事。"他重复着对母亲讲，接着拉我回到房间，在我躺下后给我披好被子，亲了亲我的脸蛋，向外走去。昏暗的房间里，他那高大的背影被拉得很长。我知道他很疼，因为他走出房间的那一路，走得摇摇晃晃。

后来，我才知道，那段时间正是父亲事业最艰难的时期，彼时他辞去了公职，自己正在创办律师事务所，在资金的筹备、人脉的支持上困难重重，但父亲从来没有在我和母亲面前流露过一丝忧虑。直到有一天，我翻阅他的散文诗集，几行文字闯入我的眼帘："时贵如梦，贫贱如幻，白驹过隙一瞬间。"我才明白，父亲明亮的笑容背后是无限的感伤。

恍惚中，我忆起小时候，有一段时间父亲天天骑自行车接送我放学、上学，幼稚的我问父亲："爸爸，你不用上班吗？为什么可以天天来接送我？"父亲捏了捏我的小鼻子，笑着对我说："因为我表现出色，得到一个长长的假期。"还是那段时间，父亲的书房总在深夜亮着灯光，半夜醒来的我从门缝里望去，只见父亲戴着眼镜，正在翻阅一本又一本厚厚的专业书籍。那正是他为创办律师事务所奋斗的时光……

那一天，我问父亲为什么在艰难中还要坚持办律师事务所。"因为热爱这份职业的公正和温度。"父亲简单地回答。突然间，我才明白，那夜的五朵红玫瑰，不仅是父亲特意从饭店带给我的，也是他带给自己的——为了那些艰难时对生活的热爱，那些掩埋的忧伤，那些倔强的对美的追求和对理想的渴盼。为了心中的爱而攀越篱墙，手持玫瑰，哪怕伤痕累累，这才是父亲的浪漫主义。

文 心 闪 耀

与第一稿相比，第二稿最突出的优点就是人物性格变得更加鲜明、立体，人物的精神变得更加深刻、有力。作者对父亲的塑造突破了只表现父爱的局限，拓展到对父亲的人生态度和价值观的表现上。

由于观念的转变，经过生命与生命的沟通、碰撞，作者对父亲的浪漫主义的认识逐渐变得深入。作者认识到，父亲的浪漫主义，不仅是对家庭的爱与呵护，更是对事业和理想的坚守。因而，在第二稿中，作者对表现家庭的这一面进行了适当的浓缩，加入了对父亲创业阶段相关事件和场景的追忆。在文章末尾，作者以议论、抒情作结，点出父亲的浪漫主义是那种独自背负苦难，敢于为了所爱而突破困境的勇气。至此，一个敢于"为了心中的爱而攀越篱墙，手持玫瑰，哪怕伤痕累累"的独特的父亲形象才完整、生动地展现在读者眼前。

可以说，第二稿最闪耀之处源自对父亲独特生命精神的认识与发掘，这是与至亲的一次精神上的邂逅，是心中人物得以成为独特的那一个的起点。

📄 规律总结

写人叙事的文章要从人物塑造的大众化、平庸化走向个性化、独特化，需要遵从以下几方面的规律。

第一，跳出惰性思维，破除心灵藩篱，用生命去发现生命。思维的惰性以及灵魂的藩篱往往使我们对周围的人与事熟视无睹，或是把自我与他人局限在各自的领域，不进行深切的交流和灵魂的碰撞。这样，我们势必难以发现人物内在的、深层的独特性，对人物的理解只停留在表面。因而，要写出一个人物精神的独特，首先就要摆脱思维惰性，打破心灵藩篱，通过深层对话与沟通，发现人物的独特之处，为塑造人物做好准备。

第二，思考人物精神内核，探究人物思想成因，确立塑造某一个性化人物的独特价值和意义。塑造个性化人物时，创作者一定要通过思考，把握这一人物的精神内核甚至思想成因，并以此为前提来确定塑造这一人物的目的和意义。确定塑造人物的价值时，可以从人物对于创作者个人的意义以及人物对于社会的意义两个层面来考虑。一般而言，成功的个性化人物形象不仅对创作者个人具有意义，也具有一定的社会意义。写作者只有明确自己想塑造的人物的价值，才能确立写作目的，作品才能具有中心和灵魂。

第三，选取典型，注重关联，设置对比，以彰显人物个性。中学生作文受篇幅和容量所限，对事件和细节的典型性要求较高，因而我们在选材时要去粗取精，选择那些最能表现人物个性的事件和细节来进行叙述和描写。同时，我们要关注事件与事件之间的关联性，使它们能够构成互补关系或递进关系，最终从不同角度或层面来彰显人物个性，让人物更立体和丰富。此外，有意识地运用对比手法也是一种彰显人物独特性的好方法。当人物处在一定的人物关系中时，人物和人物对待同一事件的不同态度和行为都能互相衬托，彰显彼此的性格特征。

破除藩篱，洞悉个性；透彻思考，确立价值；选取典型，设置对比。当我们能有机地做到以上三点时，我们的文章就不会陷入平庸与雷同，而是能通过塑造个性化的人物，表达我们对生活个性化的感受、思考和追求。

本讲精要 🖊

　　写出人物的个性，是记叙文写作中的重点和难点。突破这一重难点，需要我们通过鉴赏交流、思考发现，在以下几方面下功夫。

　　（1）转变观念，提炼方法。中学生的写作观念与作文素材多来源于阅读积累和生活经验。因而，我们需要通过鉴赏与交流，学会尊重生命个体，学习如何发现与表现身边人的独特之美，为写作打开心灵之眼与方法之门。许多经典作品中，都有着独特的人物形象，这些人物无论美丑善恶、高贵贫贱，往往性格鲜明，让人过目不忘，同时能给人留下广阔的思考空间，如《故乡》中的闰土、《边城》中的翠翠等。这些人物形象既来源于生活又高于生活，包含着作者对他们生存状态和精神世界的悲悯、赞美及对相关社会环境的思考和叩问等。我们应该借助这些经典的人物形象转变自己看待生命的观念，培养自己的悲悯情怀，用发现真善美的眼睛去尊重生命、观察生命，去发现身边人那些闪光的或引发人们深思的特性。同时，通过品读经典，在探究的过程中学习总结和提炼经典作品塑造个性化人物的方法，进而确立创作动机意识，培养敏锐、独特的观察视角，学习在情节冲突和对比中通过典型事件和细节描写来表现人物个性的方法。

（2）观照生命，积累素材。创作个性化人物的关键在于对生命的观照。要创作出一个个性化的人物，首先就要走近这个人物。我们可以通过观察与访谈、调查与梳理、体验与感悟，发现与记录人物独特的生命历程、思想情感、行为方式、生存状态与价值追求，并结合对方的生平经历和生活环境探索人物精神特质形成的原因，为写作提供素材之源。在观照生命、积累素材时，我们要紧紧围绕人物的特性展开，针对那些与其精神特质相关的点，设计访谈提纲，进行深度交流。在交流时要有赤诚、开放的心态，以此心换彼心，让交流更加深入。

（3）发掘精神，谋篇布局。积累充足的素材后，同学们可以在教师的引导下通过沉淀思考，发掘人物个性色彩与精神特质的价值意义，从而明确塑造这一个性化人物的创作动机，并在此基础上谋篇布局。谋篇布局时，应以创作动机为指导，恰当运用表现人物特质的艺术手法，如选取典型事件和细节，巧设情节冲突与反转，利用对比与象征的手法，以凸显人物性格，塑造独一无二的艺术形象。

台阶9

纵横开拓觅真意 内外勾连寓深情

小说人物立体塑造「五字诀」

○『点』：定位原点，精雕核心形象

○『纵』：纵向开掘，追寻前辈精神

○『横』：横向联系，展现时代风貌

○『内』：内省心灵，激发感人力量

○『外』：外审自然，借鉴写作智慧

扫二维码
听名师讲解

📝 写作困境

　　中学生写小说是可喜的尝试，在考场上以小说的形式进行记叙文写作也往往使人眼前一亮。一篇小说的成功与失败取决于人物形象是否突出。只有人物形象鲜活立体，小说的情味才能丰富厚重，才能以其深刻的内涵产生以小见大的效果。

　　但是，考场上学生的小说作品，往往人物形象单薄，如出一辙，鲜有读之有味、令人印象深刻的优秀作品。

　　造成这一困境的原因是什么呢？

　　其一，作者认知视野狭窄。小说人物形象单薄，其原因在于很多同学的写作大多囿于自己的生活，难以打开思路，而思路受限的根源，在于作者认知视野狭窄。大多数同学视野之内只有自己十几年的成长经历：考试受挫、同学矛盾、亲人分离……故事雷同，人物更是模式化、照片化，读者扫一眼，便可知故事全貌、人物结局。

　　其二，作者对生活的思考较浅。生活是写作的源泉，但是，只是将生活写进作品还远远不够，写生活的价值在于对生活意义的挖掘和思考。如果能有深入、独特的思考，写日常的生活、身边的人物也一样可以达到"平易中见深刻，平淡中发深思"的效果。事实上，学生的作品更多只是呈现生活，认识浅近，情味不足。

核心指要

　　如何摆脱小说人物形象单薄、情味不足的困境？让小说人物形象"站立"起来、让小说情味厚重起来的奥秘何在？

下面给出小说人物立体塑造 "五字诀"，请大家牢记："点纵横内外"。

1. "点"：定位原点，精雕核心人物形象

果戈理在他的《作者自白》中写道："我的人物，非等到脑子里已经有了性格的主要特征，同时搜集足了每天在人物周围旋转的所有零碎……毫无遗漏地把一切都想象好了之后，才能完全形成。"[1]可见，作家在落笔之前，先要想全、想透核心人物。

E.M.福斯特在《小说面面观》一书中说："我们可以把人物分成两类：扁形人物和圆形人物。"[2]圆形人物性格复杂，多面多变。如契诃夫《装在套子里的人》中的别里科夫，保守、拒绝变革、胆小怕事却辖制着身边所有人，他渴望爱情却又冲不破内心束缚。圆形人物给读者一种多侧面、立体可感的印象，往往能够带来心灵的震动。

---

[1] 魏列萨耶夫，《果戈理是怎样写作的》，蓝英年译，辽宁教育出版社，1998 年版。
[2] E.M. 福斯特，《小说面面观》，冯涛译，上海译文出版社，2016 年版。

圆形人物性格中潜在的相近、相异或相反的因素在一定的故事情节进程中得以萌芽、生长、成熟直至表露出来，从而让故事的发展变化多向、多变，值得玩味。

2."纵"：纵深开掘，追寻前辈的精神

在核心人物的形象打造好后，就要考虑故事的生长方向了。大家可以考虑向历史的纵深掘进，追问人物的性格冲突、精神意志的源头在哪里，民族文化、地域文化和家族传承的精神之光便会显现。作家阿来谈创作时说："我不是在写历史，我就是在写现实。"将前辈的生存状态写进小说，为时代精神找到源头，我们的小说就会在呈现时代风貌的基础上，多一重历史的厚重感。正如鲁迅的小说《社戏》中，六一公公发现"我们"偷了他地里的豆子，不但不生气，还夸"我"有见识，并且送来一大碗煮熟的罗汉豆。这位前辈的人性光辉温暖人心，着实让读者心动。在前辈的精神感召之下，"我"的内心世界变得纯净而美好。

3. "横"：横向联系，展现当代人的面貌

处于同一环境，面对同一问题，不同的人会有不同的思考与选择。因此，书写与核心人物同处一个时代的人们的生存状态，便是小说故事生长的另一方向。我们可以选择从两个方向塑造人物：一是塑造与核心人物同向之人，同中见异，借以展现更广阔的时代风貌；一是塑造与核心人物背道之人，相互衬托，借以产生冲突、激化矛盾、推动情节、深化主题。如鲁迅在小说《祝福》中塑造了同"我"一样同情祥林嫂的柳妈、四婶等人，也塑造了内心冷漠的鲁四老爷等人，全面展现了辛亥革命以后的社会矛盾以及中国农村的真实面貌，深刻揭示了彻底反封建的主题。

4. "内"：内省心灵，激发感染人的力量

作家铁凝说："我的小说中也潜藏着本质上始终一致的精神，这便是对人类和生活永远的爱和体贴。"[1]她的小说《哦，香雪》是个再简单不过的故事，但香雪等姑娘对台儿沟车站一分钟停车时间的热望，体现

---

[1] 铁凝，《色变》，作家出版社，1997 年版。

着人们对现实变革与物质文明的渴望之情。这既是一种时代情感，更是一种人类共同的情感，因而能让中外读者产生共鸣，具有强大的感染力。这种共同情感从哪里来？答案便如铁凝所言——"对人类和生活永远的爱和体贴"。

5. "外"：外审自然，借鉴启发人的智慧

在中华传统文化中，人类世界与自然万物总会神奇地相互融通。小说作者除直接抒发内心感受外，还可以放眼自然，借鉴诗歌的象征手法，借助外物，创造传情达意的象征意象，将作品容量扩展到"象外之象，景外之景，味外之味"这样可意会不可言传的艺术境界。如契诃夫的《装在套子里的人》中用套子象征隔绝外物的保护套，也象征阻碍社会变革发展的思想束缚，借此，社会的各种病态有了鲜明、外化的标志。鲁迅小说《药》的结尾，夏瑜坟上出现一个花环，这个外化的象征物是作者为黑暗世界保留的一线希望。

🔍 典型案例

（一）作文第一稿

心　愿

孙霜云

"今天挂完这两瓶水就可以出院了。"医生阿姨嘴角漾着笑意，轻抚着我的头。不过二十天前，我还一副病恹恹的模样，此时却已活蹦乱跳。我震撼于医生阿姨那妙手回春的"魔力"，决心从医，学习救死扶伤之道。

一缕清风将时间拉到了初三的一个傍晚。"小鱼，你以后想从事什么职业呀？"我咧开嘴，不假思索地说："医生。"声音嘹亮，带着十足的信心。那同行的朋友却皱了眉："当医生可是很辛苦的，而且学习成绩要很好。"那一刻，我好似霜打了的茄子：不够优异的学习成绩，正是我的"软肋"。

我的脑海中出现了劝我另择他路的声音，而转念间，医生阿姨治病救人的模样又浮现眼前，鼓励着我："你能行！"我向朋友说："学习嘛，我再努力些就是了！"

凭借着自己的努力，我终于考入了医科大学，并顺利毕业，就职于本地的一家医院。这时，正值非洲某国埃博拉病毒肆虐，我所在的医院有意派遣一支医疗队赴非洲支援。任务艰巨而危险，稍有不慎，很可能自己也染上病毒，而且又是那么远的地方……我一心想治病救人，可此时也不免有了些犹豫。思虑再三，我还是举起手，大声道："我报名！"领导为我竖起了大拇指。

那天傍晚，我回到家，准备向父母道别，脸上挂着浅浅的笑意："爸，妈，我马上要赶赴非洲，支援当地的医疗卫生工作，你们要多注意身体……"话没说完，母亲端茶杯的手一顿，已然明白了一切，她强忍着泪水说道："你知不知道这有多危险，妈怕你……"母亲的声音已哽咽，我不免掉了眼泪，多了一分退意。父亲却拍拍我的肩膀道："去吧！治病救人不正是你的梦想吗？我支持你……"话到最后，却已带着颤抖。儿时那位医生阿姨关怀的话语又在耳畔响起，我抹了把泪，笑道："等我凯旋！"

我为心愿而行，为此行骄傲！

问 题 评 析

　　这是一篇题为"心愿"的作文。文章能够围绕"心愿"一词，写清"我"因被医生治愈而产生从医的心愿，也写出在学医、从医的道路上自己的胆怯和退缩，以及在父亲的鼓励下最终成就心愿的故事。但是文章中的人物形象单薄，难以给人留下深刻印象，更难以打动人心。文章要想打动人，首先要打动自己，特别是以第一人称"我"为叙述视角的文章，读者更容易有代入感。那么，文中的事件可以打动"我"吗？医生只是一"抚"一"笑"，同学只是一"问"一"说"，"我"只是一"犹豫"一"举手"，父母只是一"落泪"一"鼓励"……如此种种，很显然都只是外在的行为表现，这里的人物只是"纸片式"人物，缺乏打动人的内在精神。而这种内在精神不是凭空产生的，需要作者将视野打开，从不同人物的故事中为主人公"我"找到精神家园。

　　到底什么才是支撑"我"毅然前往危险的援外医疗一线的动力呢？显然原文的思考只停于表面，

需要作者进一步深入挖掘这种精神力量的内涵。当然，这种精神力量不仅需要借助议论、抒情给出"点睛之笔"，更需要重新编织故事，让这种精神力量灌注在每个情节中，如此，才能用真实的细节让故事中的人物形象有精神、有灵魂，立体而鲜活。

提升建议

这篇作文可借助前面提到的"五字诀"丰富人物形象，让人物形象"站立"起来，从而充实小说内容，提升作品认识。

1."点"：定位原点，重塑"我"的形象

原文中的"我"是一个刚刚走上工作岗位的年轻医生。"我"的年龄在二十多岁，经历有限，因此以"我"的视角观察他人、感悟世界是会受到一定限制的。为了打开视野，作者可以对"我"重新定位，将写作的视角拓宽。例如："我"可以是中年医生，这样"我"不但可以追忆"我"的前辈，而且可以爱护"我"的晚辈；不但可以从前辈那里继承优良传统，而且可以将优良传统传递下去，这样作品感染人的力量就成倍增加了。

2."纵"：纵深开掘，追寻父辈精神

原作中写到了父亲和母亲以及当年的医生，但是，故事中他们的形象比较单薄。他们只是"我"的行为的旁观者，并不能构成"我"的精神力量的真正源泉。因此，作者需要思考每个人独特的故事，以及这些故事给予人的力量。作者要特别注意：这些力量来自不同的方向，但是要把这些力量汇聚到一起，指向共同的去向，以突出作品主题。

3."横"：横向联系，展现时代风貌

原文中与"我"同处一个时代的只有"我"的同学，这个形象只是为"我"的成长提出疑问，形象单薄，不能反映时代的精神面貌。作者可在"我"之外，分别塑造一个与"我"同向而行和背道而驰的形象。"我们"同处一个时代，面对同样的考验，却有不同的理解和选择，借此展现当代不同人物的情感态度和时代风貌，同时也能获得对比、烘托甚至强烈冲突的艺术效果。如此，独立的人物个体内心是复杂而流动的，人物间彼此的情绪也是相互激发和感染的，小说中的所有人物都是鲜活的、互动的，读之立体可感，如在眼前，更易激发读者的"浸入感"，让思考更深入。

4."内"：内省心灵，明确精神内涵

原文中"我"因为一腔热血申请去援外医疗一线，这是一种勇敢，可能大多数青年靠着这种冲劲儿都会做出同样的选择。但是冲动背后是怎样的精神支撑呢？作者需要将冲动的选择转换成深层而理智的内心抉择。这就需要作者追问内心："我"的选择源于什么？源于前辈精神的传承，源于时代精神的呼唤，更源于对人类的爱和体贴！如此才可以给小说人物的精神世界探得生活的真源泉，平凡生活中的"英雄"才更贴近人心。

5."外"：外审自然，植入象征物

精神是抽象的，小说中的人物活动是精神最好的载体。此外，自然外物作为某种精神的象征，更具震撼力量。作者可在修改时加入某种事物，比如某种花草，使之具有象征意味，借此丰富小说内容，使物与人相互呼应，将人物精神具象化，丰富人物形象，突出作品的精神力量，让小说更具情味与诗意。

（二）作文第二稿

心　愿

孙霜云

雨，汇流成注；泪，不敢决堤。"继业"——字条上是父亲临终前留下的最后两个字，这是我的名字，更是父亲的遗愿。父亲曾是援外医疗队的一名专家，牺牲在异国他乡。从小受父亲的影响而从医的我，如今有机会离父亲更近一步——医院要组建一支医疗队，支援非洲某国抗击埃博拉病毒的工作，我恰好符合报名条件。可是，卧病在床的母亲、即将参加高考的儿子、这个风雨飘摇的家……

我犹豫了，编辑好"请战书"，待按"发送"，手指却似有千斤重……

儿子房间的灯还亮着，我迈步过去，正要敲门，门却开了。儿子立在那里，忧心忡忡的脸上竟挤出一个微笑。书桌上摊着父亲生前最爱的一卷书，我知道这是儿子纪念爷爷的独特方式。往日爷孙俩齐背《大医精诚》的画面如在眼前："凡大医治病……一心赴救，无作功夫形迹之心，如此可为苍生大医！"

我问儿子："还是要考医科大学？"

儿子坚定地点头，毫不迟疑："像爷爷那样！"从他笃定的目光中，我仿佛看到年轻的自己。

那些年，我跟随父亲下乡行医，背着药箱在山路和村寨间奔波，无论昼夜寒暑，无论风雪雷电，只为成为"苍生大医"。

我拍拍儿子的肩膀，他耸耸肩："您去吧，放心！"我突然感到，这个男孩长大了！

"咳咳……"母亲的病更重了，深夜未眠。我轻推房门，昏黄的灯影里，母亲更加憔悴。一缕幽香发自书桌上那一簇金银花。把院子里开得正盛的金银花折来插在这里，这是母亲纪念父亲的独特方式。那株金银花，是刚搬到这里时父母亲手种下的。花一开，院子里满是清香。嫩黄洁白相间的花朵，让我想到这对风雨相伴的老人。我没敢说"出征"，她早知我的决定。"保护好自己，继业……"母亲的声音有点哑。我挺了挺肩，学着刚才儿子的样子说："放心！"我强压回眼眶里滚烫的东西，不让它涌出。

母亲招呼我靠近，拿出一张照片，照片上是在一次表彰会上手执"大医精诚"牌匾的父亲。"等你回来。"母亲说。我紧拥住母亲："早日康复！"

几天后，我坚定地踏上了援外医疗之路。

愿苍生无患！

文 心 闪 耀

改后的文章很动人，读之有情。与第一稿相比，第二稿将人物及人物间的关系做了调整，人物更为鲜活立体。"我"是一个中年医生，父亲是牺牲在援外医疗一线的专家，儿子是即将报考医科大学的高三学生，祖孙三代一脉相承的"志存救济"的精神让人感动，可谓"情于深处始动人"。

改后的文章很充实，读之有味。文中有祖辈、父辈及当代青年这三个年代人物的生活剪影，有"创业""继业"和未来传承的三个阶段人物的精神呈现，让读者在感动之余，更看到希望，可谓"纵横开拓觅真意"！

改后的文章很深刻，读之有得。文中有孙思邈《大医精诚》的内容精髓，更有大自然中金银花的样态及寓意，让读者了解了一部文化经典，也感受到自然万物的灵秀，可谓"借助外物启智慧"！

改后的文章很细腻，读之有悟。跨越数十年的三代人的生活，在不足千字的文章中呈现是有难度的，但改后的文章非但不粗枝大叶，反而精彩细节频出：父亲留下字条、儿子主动开门、母亲早知"我"的决定，以及每个人物的只言片语，无一不向读者呈现不同的生命状态。作者用细腻的文字让人物活在读者心里，可谓"细腻传神如所见"！

📋 规律总结

要在千字左右的篇幅里塑造鲜活的人物，并赋予深刻的意蕴，尺水兴波，何其困难！但是，从以上学生习作修改实例，我们可以看到，借助"五字诀"塑造人物形象，突破人物形象单薄的困境，让人物立体鲜活起来却也不难。

《诗经》云："如切如磋，如琢如磨。"这句话本指把象牙、玉石加工成器物的工序，《论语》中将其引申为君子的自我修养过程。而我们创作小说、塑造人物形象，也要如此全方位、多角度地精心打磨，这样才能塑造出具有鲜活生命光辉的、立得住的文学形象。

本讲精要 ✏

　　本讲谈到的小说创作"五字诀"，的确为大家提供了塑造人物的路径。但是，我们也要明确，这"五字诀"就像行路指南，照此出行，每人所见的风景不同，到达的境界不一。这取决于个人阅历和感悟的程度。

　　那么，在学生阶段我们可以做哪些准备呢？

　　首先，注重打通读写，在阅读中丰富阅历，为写作的纵横开拓厚积素材。

　　中学生有限的生活素材，可用的实在不多；偶尔一用，还往往成为败笔——"撞车"率极高。叶圣陶曾说过："阅读与写作是一贯的。"没有生活经历，阅读可以为我们架起"瞭望塔"：向前，我们可以预见未来；向后，我们可以追溯历史；俯瞰当下，我们可以纵观全局；仰观经典，我们可以更加接近生活的真谛。

　　其次，珍视生活体验，在自省中领悟深情，为深入发掘引领方向。

　　我们要培养感受日常生活的意识，观察令人动情的细节，细品深情，才能提炼出深切而独特的感受。

　　深情来自对生活的全心热爱。一个全心热爱生活的人，"登山则情满于山，观海则意溢于海"，触景则"一切景语皆情语"，睹物则"一枝一叶总关情"。

　　刘勰在《文心雕龙》中说："夫缀文者情动而辞发，观文者披文以入情，沿波讨源，虽幽必显。"文学创作，总是由内而外的，即先有内在感动，才有辞章表达。

　　最后，弘扬传统文化，在现实中参悟经典，为传承文明贡献智慧。

　　中国传统文化是世界上唯一一以贯之的文化体系，它源远流长、绵延不断，至今仍具有顽强的生命力和国际影响力。这其中包含太多智慧。如果创作小说、塑造形象时，我们有意识地化用这些文化，让传统文化与现实融合，让读者参悟经典，这是对传统文化最好的继承，我们的小说也愈显厚重。当然，要达此境界，须自觉接受中国传统文化的浸染与熏陶。

台阶 10

开掘认知　照见灵魂

如何在记叙文中展现思考力

名师指导

○ 植根当下，深入人物，故事方能触动读者

○ 挖掘困境，代言发声，故事映射时代灵魂

○ 升华价值，故事需含人生分界与转折

○ 超越个体，触及群体，提升故事交流价值

○ 洞见细节，考据生活，探求生命奥秘

○ 细节用心，凸显主旨，代言生命义理

扫二维码
听名师讲解

写作困境

不少同学的记叙文常会收到"内容较单薄""主题不够深刻""对人物行动的认知有些浅显"之类的评语。这实际上是说故事表现的人物和事件不够分量，主题没有触及人物与事件的实质，立意有些表象化。

故事的思考力，首先在于选材。素材如果有时效性、普遍性、丰富性，且能够触及人心、人性，甚至可以为人类的精神作证，就能够支撑起故事。相反，琐碎零散、单薄笼统的素材则不利于被写作者咀嚼与发酵，也不利于展现写作者的思考力。

我们常常发现，同样的素材，有的同学能写得丰富而深入，有的同学的作品却乏善可陈。这是因为立意还与同学们对故事进行提炼、思考的意识与能力有关。构思过程中，如果不善于穿透素材的表象，对生活情景进行时代关联和原因追问，如果不善于聚焦人物的"成长主题"，对其进行"行动困境"和"认知困境"的挖掘，那么"好"素材也不容易生成"好"题材。

同时，故事的思考力还需要用巧妙的方式表现出来，这样思想和认识才不会受到妨害。如果讲述故事的策略和技能不足，在创作过程中不善于运用精当的语言和得当的叙事技巧，那么即使是深刻的思想也会以直白、粗陋的方式讲述出来，无法产生"曲径通幽""柳暗花明"的阅读效果。

核心指要

我们需要先理解何为有思考力的故事。从狭义的理解来看，就是写作者希望借由故事传达思想、传达认识，这样的故事就是有思考力的故事。读者接受故事的过程，是一个受启迪、受教化、获得思想顿悟和审美愉悦的过程，如若我们的故事能够触及生存、生命的哲理，为读者提供或是有关历史的秘密，或是有关现实的复杂性，或是有关未来的预见，能够在感性的描述中带领读者走向意义的深处，那么我们的故事就是有思考力的故事。

简而言之，有思考力的故事有如下特征，同学们可以根据这份清单来自我检查。

记叙文思考力检查清单

写作变量	问题排查	检查结果
人物	能通过人物的行动洞见人物的情感	
	能写出促使人物变化或成长的深层原因	
情节	针对故事困境，给出的解决方案能够治本	
	对于情节的剪辑和设计体现出与故事主旨有关的匠心	

写作变量	问题排查	检查结果
主题	能够在对人、事、物的常规认知以外提供新见解	
	针对故事反映的问题，能够给出更具普遍性的价值理解	

以上特征其实是从故事的主要要素来挖掘其背后的演绎价值和思想价值。这就提醒我们在构思成文的过程中，需要培养和激活几种思维路径，以完成故事的思考力的开掘。

（1）由果追因的因果思维：从"是什么样"之结果追诉到"为什么要这样"之原因，让故事变得深入。

（2）由此及彼的类比思维：从"是什么样"之独特超越到"应是这样"之普遍，让故事变得深远。

（3）由象到质的本质思维：从"是什么样"之现象探究到"是什么精神或价值"之本质，让故事变得深刻。

以上三点充分体现出叙事文写作不仅无法脱离逻辑和价值而存在，故事的思考力更仰仗于在逻辑和价值维度的不断求索。下面以几道作文题为例进行解析。

作文题解析

题目	赋形思维 （形象赋形、场景 赋形、叙事赋形）	立意思维 （本质思维、因果 思维、类比思维）
假如我与心中的英雄生活一天	形象赋形：心中的英雄是什么样的？ 叙事赋形：一天的生活发生了怎样的故事？	本质思维：英雄一天的行动中展现着怎样的英雄风貌？ 因果思维：为什么这样的英雄是我心中的英雄？ 类比思维：这样的英雄折射着人类怎样的精神追求典范？
绿水青山图	场景赋形：绿水青山图是何图景？ 叙事赋形：何种事件促进了绿水青山图的演进？	本质思维：这样的绿水青山图展现的是人与自然的何种关系？ 因果思维：为什么这样的绿水青山图展现了人与自然和谐美好的关系？ 类比思维：这样的图景折射着人类怎样的普遍性畅想？

题目	赋形思维 （形象赋形、场景赋形、叙事赋形）	立意思维 （本质思维、因果思维、类比思维）
2019 的色彩	形象赋形：色彩是何种色彩？色彩何以呈现？ 叙事赋形：承载这一色彩意义的2019的独特事件是什么？	本质思维：这一色彩背后所体现的2019的价值意义是什么？ 因果思维：为什么爱国精神和五四精神仍被看作2019年的主色调？ 类比思维：为什么这样的精神在当下仍被集体呼唤和需要？
这，才是成熟的模样	形象赋形：成熟的模样是什么样的？ 叙事赋形：何种事件才体现出成熟？	本质思维：这成熟的模样反映了何种成熟的内涵及意义？ 因果思维：为什么这才是成熟的模样？ 类比思维：这样的成熟的模样折射着当下何种普遍性的价值成长需求？

典型案例

（一）作文第一稿

忽　见

甄真

"小赵！别歇着喽！趁着今天光线好，抓紧把这两列拍完。"听见师傅叫我，我起身拍拍土，背起我的相机，穿戴好护膝和罩衣，继续下坑给秦俑拍"证件照"。

"嘿！又是他刻的，老伙计可以啊！"我在回看刚拍的这张照片时，发现面前的陶俑右肩刻着一个"朝"字，这是秦国制度，工匠要在自己的作品上留名。好几次我偶然发现同一个工匠的名字时，都有种故友重逢的感觉。

摆弄着单反相机，我来到一个立俑前为他拍肖像。举起相机，"等等！"我心里突然有个声音喊道，我下意识地把焦距拉近，按在快门上的手指僵住了。在他的下嘴唇上，那是……一枚指纹！

这怎么可能呢？从开始发掘到修复，哪个工作人员不是戴着专业手套操作的？一个想法如烟花升空般在我脑中划过，继而绽放，这可能是当时制作兵马俑的工匠无意间留下的！

我被忽见的这枚指纹震撼，定在原地，双脚仿佛和面前的他们一样，扎根泥土，内心的惊涛几乎让眼泪决堤。我缓缓放下相机，屏住呼吸凑近去看。我伸出手指，就快要触碰到千年前的他留下的印记了——可是，这是不被允许的。我只能站在俑像面前，脚下的土地是温热的，那个工匠刚刚完成他的作品，他留下的指纹还是鲜活的、有生命的。

我忽然觉得这个坑里不止我一个真实的人，每个俑像前都有工匠在忙碌：他们或说或站，或涂敷或刻画，无数无名的他们，缔造了这支无声的帝国军队。这枚指纹被我忽然看见，我按下了按钮，由此对自己的职业有了新的理解。我何其有幸，作为直面文物的人，我亲手接过祖先包裹在泥土中的礼物，它沉浮过，漂泊过，现在在我们手里又将复活——不，复活的不是文物，而是我们心里关于民族血脉的记忆。

这个过程不只是忽见指纹，也是忽见自己职业的新内涵：我拥有世界上最棒的职业！

"赵震，收工喽！"师傅在栏杆边上喊我。"等会儿，我再拍俩！"踩下黄土，扬起飞尘，我要用镜头记录下祖先的偶然之作、我的忽然遇见——遇见一脉相承的文明。

问 题 评 析

本文取材于曾给近8000尊兵马俑办"身份证"的秦始皇帝陵博物院摄影师赵震的故事。故事里的主人公赵震由兵马俑脸上的工匠指纹联想到造就这些作品的工匠们，从而"忽见"了自己职业的新内涵。遗憾的是，故事在以下两处缺乏深入挖掘，影响了立意的深刻性。

（1）故事的主人公缺乏相应的职业诉求和认知困境。在指纹的发现过程中，人物仅仅成了发现者和见证者，没有呈现真实而复杂的精神世界，从而未能凸显出这次"忽见"的有效价值。

（2）故事中的"忽见"场景缺乏核心的细节描绘。在指纹的发现过程中，作者仅仅概述了指纹，缺乏对指纹及指纹所属的兵马俑的细节性觉察，从而缺少了指纹及兵马俑对人物产生价值影响的充分理由。

提升建议

1.通过追问法，挖掘人物成长困境及行动理由

文章要描写的是文物摄影师这一职业，这一职业会遭遇哪些生存、发展中的障碍呢？从业者需要突破哪些障碍才能获得职业上的成长呢？

通过丰富的资料搜集，我们发现文物摄影师会面临如下职业发展障碍：相较于广告摄影，文物摄影的首要任务是忠实再现而非艺术表现，这给追求美的创造的摄影师带来了挑战；相较于人物摄影，文物摄影的对象是静态无生命的文物，而非可以交流调控的模特，摄影师要面临克服枯燥、静心摄影的挑战；相较于其他摄影，文物摄影要以保护文物为前提，这要求摄影过程要极为谨慎小心；甚至相较于同样为文物服务的文物修复

师，文物摄影师的工作更为枯燥、更为"影子"化，这使得他们对职业价值感产生了怀疑；等等。

面对以上的困难与挑战，文物摄影师的价值又何在呢？

通过仔细调查和思考，我们可以发现：如果说文物修复师用手中的刀笔器具使文物重新"活"了起来，那么要让文物广为人知，则离不开文物摄影师——他们用手中的相机，在光与影的变幻中向大众展示文物的美，让人们在镜头下感受到文物背后的历史温度，让文物走出深帷，以一种美的姿态进入人们的视野。如果说其他摄影更强调的是艺术表现，那么文物摄影忠实再现文物形态，既为研究者提供了准确资料，也能使观者认识、了解、欣赏文物；文物摄影师的工作是物质文化遗产保护和传承的重要内容，亦可说是文化传承中不可或缺的纽带。

2.通过叠加法，丰富促发人物突破困境、完成成长的原因

这枚指纹以何价值促发摄影师由忽见到顿悟，完成对文物摄影师这一职业的价值的觉察和理解呢？

这需要从与这枚指纹相关联的人、事、物去进行挖掘：这枚指纹属于工匠，这其中既有人民群众创造美的磅礴力量，也有普通生命被奴役驱使的悲惨故事；这枚指纹来自秦朝，承载着秦始皇的渴望，这其中既有穿越千年的奇妙际会，也有一个帝王渴望永恒的不甘；这枚指纹来自一次不应该发生的创作，这其中既有着沉默的"错误"，也有着传续的价值……无论如何，正如赵震所说："每当透过镜头看着他们的眼睛时，能够感受到他们的呼吸，那一刻站在你面前的不是陶俑，而是祖先……就像是一支纪律严明的军队，默默地站在那里，在落日的余晖下，他们是大秦帝国的缩影。"

我们可以将人物的困境和指纹的价值对应：比如可以利用阳光依次打到兵马俑身上的光线变化，让兵马俑"活"起来，进而想象其为大秦帝国的缩影；再比如可以通过描绘那枚指纹沿着嘴唇的形状由浅入深，在过渡的边缘地带消失不见这一细节来展现秦朝工匠的高超技艺……总而言之，我们可以通过不同的视觉细节向读者展示兵马俑及其上面的指纹，以体现文物摄影师的奇妙际会和不可替代的价值。

（二）作文第二稿

忽　见

甄真

　　相机的镜头对准了修复师。画面里，他正手执一柄尖细的小凿，一毫米一毫米地从土石中剥离出一个残存些许彩绘的俑头。相机后的小赵与修复师共同迎着俑头炯炯的目光，剥落的土石有如时光的碎片，在阳光的照射下，散发着旧日的余温。小赵羡慕地想着："让文物活起来，靠的是文物修复师一丝不苟的工匠精神，我的工作比起来逊色多了！"

　　小赵是个负责给秦俑拍照的摄影师。摄影师的工作吃力又乏味：摄影的工作区——兵马俑一号坑堪称减肥训练营，摄影师要背着单反相机不停地找角度，蹲下、站起，还生怕汗珠滴到这珍贵的"泥军队"身上，而这样辛勤工作的价值就是给兵马俑办好"身份证"。还有八百多尊没拍，得拍到明年了。小赵心里抱怨着，又下了坑。

　　等他下到坑底，冬至日的太阳已低角度地照进俑没有读者超越个体经验的阅读性启迪。换言之，人物只有从具体的、二维的、符号的特质走向群体的、复杂的、变化的特质，写出的故事才可能在更高的价值层面上实现交流。

3.洞见细节

故事的思考力还意味着"深细"。故事写作是有关生命的谜语。想要探求生命与生活的奥秘，自然要对故事所刻画的生命与生活本身有所考据，有所实证。在通向谜底的过程中，细节是对生命及生活的真实、丰富与复杂的显微镜式的呈现；在细节处用心，可以赋予细节以凸显主旨、展示人物、丰富情节的功能，让细节有价值地为谜语背后的生命义理代言。

MAPS
方图

四方图志·心安一隅

连中国 编著

非一般的作文课

中国出版集团
东方出版中心

目录

台阶11

万物的性格就是你的性格

赋个性情思于景物描写

名师指导

○ 准确生动，揭开描写的『面纱』

○ 有意识地打开感官世界

○ 在阅读中学习赋情于万物的方法

○ 融通物我，进行景物描写训练

○ 反复修改，让描写精准反映内心

扫二维码
听名师讲解

📝 写作困境

写景作文我们接触许久了，然而在许多同学笔下，所有的景物描写几乎如出一辙："明媚的阳光""和煦的春风""清澈的小溪"……这些表达已经烙印在记忆里，他们想写出新鲜的东西，却大有"江郎才尽"之感。难道我们眼中的景物都是千篇一律，我们的内心也极尽相同？事实并非如此，问题根源在于我们进行景物描写时无法准确描摹出景物特征，笔下文字更是缺乏内在情思。没有独特体验感与生命力的景物描写就会如此雷同。

造成以上困境的原因主要有两点。一方面，在信息纷繁复杂、瞬息万变的今天，很多人习惯将自己封闭于自我的狭小世界，或执着于成绩的起起伏伏，或沉迷在网络世界里，忽视了对外部景物的关注，那自然会造成内在生命体验的缺乏，对外部景物的感知力和敏感度也随之变得迟钝，因而无法准确描摹景物特征。另一方面，很多人虽对外部景物有所关注和体察，却仅把景物当作与己无关的客体，而没有用内在的生命体验来观照外部景物，没有将自我与外物融通，景物描写也就缺乏作者内在的情思。正是这些原因导致了我们的写作困境。

⊚ 核心指要

1. 揭开描写的"面纱"

描写是对人、物、景等进行描画和摹写的表达方式；写作时既可以描写作者的视觉，也可以描写作者的听觉、味觉、嗅觉、触觉等。

按照不同的分类方式，描写可以分为不同的类型。按描写的对象分，可分为人物描写、景物描写、场面描写、细节描写等类型；按描写的角度分，可分为直接描写和间接描写等类型；按描写的文笔分，可分为细描和白描等类型。

准确生动的描写，能够给读者身临其境的印象和感受，加深局外人对描写对象的认识，让读者可以多方面、多层次地理解描写对象。

本文所谈的景物描写，是对自然界的花草树木、山川湖泊、季节气候等进行的描写，它一般说来是自然的、独立于人类而存在的环境。

2. 有意识地打开感官世界

同样写夏天的炎热，有人只能写出"骄阳似火"，有人却可以写出"天热得发了狂，太阳刚一出来，地上已像下了火……街上的柳树，像病了似的，叶子挂着层灰土在枝上打着卷……便道上尘土飞起多高，与天上的灰气连接起来，结成一片毒恶的灰沙阵，烫着行人的脸"①。两者的区别在于，后一段文字充分调动了人的各种感官，描写的景物因而更加形象具体。

　　我们从自我的狭小世界跳脱出来拥抱万物时，要有意识地打开感官世界——用眼睛看，用鼻子闻，用耳朵听，用手触摸，等等，以此充分把握景物特征，用心关注、感受、理解外部景物，加深对外部景物的感知力和敏感度，不断丰富内在生命体验。

3. 在阅读中学习赋情于万物的方法

　　由于时间、精力等因素的制约，我们很难将世间所有景色一览无余，然而我们可以通过阅读，以优质的文字为向导，让其带领我们感受万物、理解万物。在阅读中，要结合文字，体会作者笔下景物的特点，并与我们认知中的景物相勾连、比对，加深、拓展我们对外部景物的认识。

　　同时，我们还要在文字中体会作者与外部景物之间的内在关系，正如王国维《人间词话》所言："以我观物，故物皆著我之色彩。"作者对世界的理解和判断

---

① 老舍，《骆驼祥子》，人民文学出版社，2018 年版。

造就了他所写的景物的特点。周敦颐能写出《爱莲说》，并非只因他看到了莲，还由于他内心固有的对高洁品性的追求与莲"出淤泥而不染，濯清涟而不妖"的气质相契合，周敦颐将自身情操投射其上，他笔下就绽出一朵傲岸脱俗的莲。

我们要学习的就是作者赋情于万物的方法：要体察自己，追随自己内心深处的思索，沉淀出一种让自己不吐不快的情思，继而将其投射到恰当的景物上。这里的"恰当"是指此景物的特征与自己此时的内在情思相契合，如"泥融飞燕子，沙暖睡鸳鸯"体现出的盎然春意与诗人安适欢悦的心绪一致，"潮平两岸阔，风正一帆悬"体现出的恢宏阔大与诗人意气风发的心境契合。

4. 融通物我，进行景物描写训练

不论是打开感官用身体感知万物，抑或是深入阅读借文字拓宽视野，都可以增强我们对外部景物的感知力和敏感度，从而达到准确描摹景物特征的目的。但这只是第一层次，我们对自身的体察也是必不可少的一环，内心了然方可连通万物，方能完成有个性情思的景物描写。接下来，我们就要通过景物描写训练，在文字中把对景物的体察和内心的情思融通起来。借助感官感受与精妙的文字描摹出景物特征，重要的是写出我们的生命体验与个性情思。

描写训练不设字数限制，长短取决于内心涌动情思的多少。我们要抓住灵感乍现的每个瞬间，将之及时记录下来。我们可以多写精短的句子，而非流水账式的冗长作文，力求在精短的句子中实现高质量的表达。这样的短句练习越多，我们对文字的驾驭就越纯熟，下笔会更从心所欲。长此以往，我们每次"发力"时，就能准确甚至成倍地表达出自己的感受和体验，我们也会慢慢享受到写作的畅快与美好。

5. 反复修改，让描写精准反映内心

文章在精不在多，"原地拉磨"地写十几篇作文也不及对一篇作文反复打磨。盲目追求作文数量带来的后果是很难聚焦真正的问题，写作常处于无目标的"脱靶"状态，因而写作水平也难以提高。而专注于一篇作文的修改可以让我们的定位越来越精准，在一次一次的

修改中不断梳理自己的内心，让笔下的文字不断逼近内心真实想表达的东西，让文字与之产生更多的观照和呼应。如此，我们的写作能力必将在原稿基础之上有切实的提升，我们的内在也会获得一种真实的自信与骄傲。

🔍 典型案例

（一）作文第一稿

真　我

赵婧妮

又到秋天，风吹走了空气中最后的温热气息。我走进梦想中的高中校园，身边的一切都让我感到不真实，仿佛一碰就碎似的。我自认为是一个幸运的考生，由于种种原因有幸考上重点中学。校园高手如云，因此我常常如履薄冰。

我看着身边的同学纷纷前行，有的参加几种竞赛课，取得优异成绩；有的广泛涉猎社会活动，足迹遍布众多领域。我恐惧起来，开始焦急地追赶他们。今天学一点物理，明天学一点生物，下午和朋友去参加学校活动，我常常环顾四周，确认自己和别人做着一样的事才感到安心。这样的精神算充实吧，却让我感到阵阵倦怠。

温暖的空气已经无影无踪，风仍然驱赶着自然的色彩。学期过半，成绩不尽如人意。长时间的精神紧绷让我内心焦躁。好像有什么在感召着我，我乘车来到郊区的湖边。天色湛蓝，湖水也是一片令人安心的蓝。我踟蹰湖畔，一时间脑和心都被蓝色填满。我反而沉静下来，望着画卷般的天空，又望着湖水和水中我的倒影。我此时成了平静湖水中不协调的一部分：双眼无神，神色惶恐不安，像是在暮色深林里迷路的旅人。这还是从前的我吗？那个眼神坚定、不停思考的女孩呢？

远处，山间清泉泻下。优秀的同学们在前方疾速奔跑，我在后面紧紧追随，一路上磕磕绊绊、伤痕累累，双腿越走越重，最后竟要迈不动步了。我眼睁睁地看着他们欢歌笑语、一路向前，于是不甘的我又跌跌撞撞地向前追赶，即使身躯已疲惫不堪、无法承受。

近处，鸟雀的双爪激起水花，阳光下的水珠每一颗都发出光芒，相似又不同。随即，水珠落回湖中，在我的倒影上激起圈圈涟漪，有规律地向外扩散，如同敲响木鱼后的音波，搅得我看不清自己真实的面容。等到水珠终于再也无力推出波纹，水面就这样回归了平静，见不到它们出现过的痕迹。我与这水珠多么相似！我追随着同学们奔跑，逐渐忘记了我最初的模样，只一味模仿他们的行为，内心不过是渴望被认可。在河流中，一滴水即使终将被湮没，它也是独特的。在即将被水磨蚀了面貌前，我站在我之外看清了自己——我终于接受了自己的真我。

湖还是在这里，静静地看着我，我也看向湖，眼前依然是一片让人心旷神怡的蓝，但蓝色中的那个我，眼神坚定、行动自如。水流无声地平复了我的心。我仰头眯起眼睛看天，天蓝得极富感染力，像是个快乐的孩童。蔚蓝的天空是那么的高远，蓝像是广阔的永恒，甚至等到我身上的色彩也被风吹走，天空还是那样蓝。在时间长河中只是一瞬的我，若不接受真我，就连这短小、独特的一瞬也会消亡。

水珠从湖面溅起，绽放了属于它自己的一刻光彩，又落入水中，随涨落的波澜涌向各方。我愿意做河流中的一滴水、宇宙中的一粒沙，无论浪潮如何汹涌澎湃，我依然能透过澄澈的湖水看向内心，在生命的长河中遨游。

问 题 评 析

这篇作文有感而发、情真意切，有一定的语言功底。这本应是一篇写景文，但作者并未充分利用景物描写表达内在情绪，而是运用了较多叙事与直接抒情的文字来表达自我情感，因而文章虽有景物描写却未发挥它的最大价值。此外，景和情的融通可以再自然一些——即使"我"没有直接表达内心情感，读者也可以从"我"笔下的景物描写中读出。

作者在这篇作文中主要想表达"不要亦步亦趋，要敢于直视不完美的真我，发现自身最独特、最闪光之处"。但作者在行文中，没有安排好详略，文章主要描写了自身在盲目追逐他人时的疲倦感和无力感，而那种从自然中获得开释、感悟的过程反而成了次要的，散落于文章的中间和结尾处，因而情感的流动不够连贯、流畅，最后虽然点到"我终于接受了自己的真我"，但由于前后衔接不当，情感过渡就显得较为生硬。这种在自然景色中获得开悟的过程，才应该是文章着力描写的地方。

提升建议

只有当内心世界与外在景物契合时，我们才能够更进一步地体察到景物所具备的特点，景物也才能反过来打动我们，我们笔下的景物描写才能感染人、打动人，具有一种感发的力量。

因此，我们在观察景物时，不能只用眼睛浮光掠影地扫过，而要在察觉内心的基础上去与景物相遇。当我们的目光、心灵都为之停留时，我们的内心就与景物进行了一场心灵的对话——自己的情愫会投射到外部景物上，而外部景物也会用它独特的"生命"来影响我们。

"借景"从其方式与作用来看，可分为借景抒情和借景说理两种。前者借景物表达个体的情感，如《春》《湖心亭看雪》；后者则在景物中获得了某种哲思，如《题西林壁》《雪梅》等。综合来看，二者间并没有明显的分水岭，如《赤壁赋》兼有借景抒情与借景说理的特征，因而情景之间的内在关系是非常复杂和美妙的。

这篇作文就可以归入借景抒情这一类，作者有意将自己的境遇投射到外部景物中，并从中获得观照，化解自己的情绪，这一过程同样会赋予外部景物基于自身生命体验的独特意义。人与景相遇的最大价值，就是让景和人更有个性化和神采，简言之，让景更像景，让人更像人。但在具体行文过程中，作者并未将自己的境遇与外部景物自然融合，而多以景物为背景板，直接进行抒情，因此景物与内在心境之间隔着一层东西。

作者在修改时应该注意，对写作背景进行简化、提炼，言简意赅地进行表述。在行文过程中，要淡化直接抒情的痕迹，增加景物描写的篇幅，选择那些最能打动自己、最能与内心相契合的景物来描写，让自身对人生境遇的感慨在景物描写中自然地流露。

　　同时，作者要根据文章的中心思想安排详略：先前的失落、焦虑应略写，写作重点应放在自己如何打开感官，并将内心与天地万物自然连通，从中获得启发，最后开悟的过程上。

　　对大多数人来讲，好的作文离不开反复的雕琢、打磨。因此，我们需要对作文进行多次修改，在修改的过程中，不断梳理自己冗繁的思路，不断尝试用更加精炼的文字精准表达自己的情绪与意图。

（二）作文第二稿

真　我

赵婧妮

　　又到秋天，风吹走了空气中最后的温热气息。我走进梦想中的高中校园，身边的一切都让我感到不真实，仿佛一碰就碎似的。校园里高手如云，看着身边的同学纷纷疾速进步，我恐惧起来，开始焦急地追赶他们。我常常环顾四周，确认自己和别人做着一样的事才感到安心。这样的精神算充实吧，却让我感到阵阵倦怠。

温暖的空气已经无影无踪，风仍然驱赶着自然的色彩。学期过半，成绩不尽如人意。长时间的精神紧绷让我内心焦躁。好像有什么在感召着我，我乘车来到郊区的湖边。天色湛蓝，湖水也是一片令人安心的蓝。我踟蹰湖畔，一时间脑和心都被蓝色填满。我反而沉静下来，望着画卷般的天空，又望着湖水和水中我的倒影。我此时成了平静湖水中不协调的一部分：双眼无神、惶恐不安。这还是从前的我吗？那个眼神坚定、不停思考的女孩呢？

秋风清冷地拂过我的面庞，打断了我的思绪。我抬头望去，高远的天空被白色的云朵点缀。云朵或团团簇拥，形成连亘的群山、汹涌的波涛、紧挨着的亭榭……或保持独立，化为驰骋的骏马、腾跃的龙、振翅的凤……然而，这并不是它们的固定姿态。风过处，云朵又再次变幻。它们就这样在风中与时光中变幻着身姿，然而无论如何变幻，它们都是自由且快意的。随风赋形的它们，以不同的姿态在天空绽放自己的光华。

远处，山间清泉疾速泻下，形成几道溪水。不同溪道中的溪水呈现出不同的流淌姿态：一处溪岸相对直而宽，溪水无拘无拦，爽快前行；另一处溪岸则犬牙交错，斗折蛇行，溪水蜿蜒漫行。溪水的流淌姿态有异，其生命力却无异，它们同样在撞击时翻起晶莹透亮的银色浪花，鸣出清脆悦耳的珮环①之音，最终都汇入生命的下一站。

云间的鸟雀似也被这流动的溪水吸引，清鸣两声，俯冲而下，欲对镜自怜。鸟爪撩动水面的这一瞬，被激起的水珠在阳光下清透而绚丽，它们折射出动人的光彩，映射出大千世界的侧影，相似却又不同。它们昂然地跃起，又带着从容、自信的姿态回归。"闲云潭影日悠悠，物换星移几度秋。"世间的一切都处于变化之间，正是这样茫茫无尽的时空赋予了水珠自信的底蕴。水珠所含纳的只是一瞬，但即使在这无数的一瞬中，竟也没有重复的。每一滴水珠都是历史的组成者，汇成汹涌的波涛向前奔去。我们人类也如此，置身于宏大的叙

_____

① 珮、环，都是玉饰。其中，"珮"在现代汉语中的规范字形为"佩"。

事之中，我们虽只是一粒尘，却可以选择成为真我，成为与众不同的自己。若不接受真我，这短小、独特的一瞬就会消亡。

在即将被水磨蚀了面貌前，我站在我之外看清了自己。湖还是在这里，静静地看着我，我也看向湖，眼前依然是一片让人心旷神怡的蓝，但蓝色中的那个我，眼神坚定、行动自如。水流无声地平复了我的心。我仰头眯起眼睛看天，天蓝得极富感染力，像是个快乐的孩童。天空高远，蓝像是广阔的永恒。水珠从湖面升起，绽放了属于它自己的一刻光彩，又落入水中，随涨落的波澜涌向各方。我愿意做河流中的一滴水、宇宙中的一粒沙，无论浪潮如何汹涌澎湃，我依然能透过澄澈的湖水看向内心，在生命的长河中遨游。

文心闪耀

改后的作文，淡化了叙事和直接抒情的痕迹，增加了景物描写的篇幅。最值得称赞的是，作者在自我与外在环境间建立起了很好的连接，将自己内心的情愫投射到了自然景物当中，两者在某个层面达到了契合。同时，作者也从景物当中获取了积极的感悟与启示。

在本文中，作者将内在惆怅、渴望得到"救赎"的情感投射到她所看到的溪流、云朵、水珠中。她敏感地察觉到自己的境遇与面前的景物存在相似之处——都是众多事物中的一部分，也面临着与周遭事物对比的命运。然而作者发现，不论是溪流、云朵，抑或水珠，都有它们的独特景致，每条溪流、每片云朵、每滴水，都因各自的不同而更显珍贵与美好。

看到这样的景致，作者的内心也受到了触动。描写这些景致的过程，其实就是作者情感自然转变的过程。改后的作文，景映情愫，情随景移。最后，作者水到渠成地坦然接受了独特的真我，景物描写与内在情思达到了较好的融通。

📋 规律总结

1. 用心灵捕捉景物的灵魂

　　我们的眼睛曾看过莺飞草长，看过映日荷花，看过秋水长天……我们曾饱览万物，但真正描写出来、能打动我们的文字却寥寥。钟嵘在《诗品》序言中说："气之动物，物之感人，故摇荡性情，形诸舞咏。"优质景物描写的前提是内心首先被景物打动。然而，很多时候我们用双眼感知了它的外在，却未将自身的生命体验与之连接，因而大多数情况下景物并未真正地打动我们，我们自不能完成动人的景物描写。

　　对景物的感知不能仅仅局限于用眼睛看见——用心灵与思想"看见"是更重要的看见，这时，我们不仅感知了万物，也审视了自己，从而打通自我与外物的隔膜，水到渠成地将我们的个性情思投射其上。感知万物与自我体察同等重要，不可偏废，只有将二者巧妙结合，才能解决真实的问题。

2. 寻找内心与景物特征的契合点

当我们内心沉淀的情思遇到与之契合的外部景物时，两者相互融通，从而寓情于景。我们无须纠结是情先"点燃"了景，抑或景先触发了情。它们有时有先后之分，有时就是"同时抵达"，正如《诗经》的比和兴，往往是很难清楚区分的。但可以肯定的是，契合点是景和情得以相遇的根源。

正如诗歌中的意象，景物也有自己的气质特征，这种气质特征或来源于古往今来文人墨客的共同心灵体验，或来源于自我对景物特征的独特理解。

一轮圆月亘古不变，见证着历史沧桑，这样的特质恰与王昌龄内心时光荏苒而战事未歇的思绪契合，因此他发出"秦时明月汉时关，万里长征人未还"的感慨；昔日稀落的紫藤萝如今开得繁茂、热烈，这样的特质与宗璞内心对蓬勃生命的渴望一致，因而她写下"花和人都会遇到各种各样的不幸，但是生命的长河是无止境的"。因此，我们一方面要明了自己此时的心境与情思，另一方面要对景物特质有切身的体察，如此才能找到两者的契合之处。

3. 雕琢文字以精准传情

冰冻三尺非一日之寒，好的景物描写也不能一蹴而就，需要不断地推敲、打磨。在不断的雕琢与修改中，我们可以不断地审视对外物的描写是否与自己内在想表达的东西一致。

王安石《泊船瓜洲》中"春风又绿江南岸"的"绿"字时时为人称道。据说王安石为此字改过很多次，他在"绿"字位置上试过"到""过""入""满"等字，均觉平淡。他心中的春，满目生机，轻灵流动，整片天地充斥着盎然绿意。冥思苦想得来的一个"绿"字，成为全诗的点睛之笔，精准地借景物描写传递出了诗人的内在情思。

一次次的雕琢过程，其实就是作者一次次逼近真实心境的过程，就是让文字准确甚至成倍表达内心情思的过程。

本讲精要 ✏️

当下我们习惯将自己封闭于自我的狭小世界，忽视了对外部景物的关注，因而缺乏内在生命体验，对外部景物的感知力和敏感度变得迟钝。这是一种情况。另一种情况是，没有用内在的生命体验来观照外部景物，因而无法将自己的独特情思与个性投射于外部景物。由此就出现了"景物描写无法准确描摹景物特征，缺乏作者内在个性情思"这一写作困境。

为打破这一困境，一方面，我们要从自我的狭小世界跳脱出来拥抱万物，要有意识地打开感官世界。比如遇到一棵老树，我们可以观察它棕褐色的、些微开裂的身躯，触摸它枯涩的躯干，聆听一阵风吹过时它深沉的叹息，嗅闻风中它古老的气息……充分把握景物特征，用心关注、感受、理解外部景物，加深对外部景物的感知力和敏感度，不断丰盈内在生命体验。

另一方面，我们还要在阅读中学习赋情于万物的方法。首先，让优质的文字带领我们去身不能至的地方感受万物、理解万物，加深、拓展我们对外部景物的认识。其次，在文字中体会作者与外部景物之间的内在关系。"白日不到处，青春恰自来。苔花如米小，也学牡丹开。"长于阴暗潮湿处的苔花如此不起眼，在诗人袁枚的笔下却因勃勃的生命力而熠熠发光。这不仅源于诗人对于苔花精确、独特的观察，更源于诗人自身对于性灵的热爱以及不受外界干扰、不被世俗羁绊的信念。进行景物描写时，自我体察与对景物的精准描摹缺一不可，只有把内在的生命体验投射到恰当的景物上时，才能写出有灵魂的文字。

接下来，我们要通过景物描写训练，在文字中把对景物的体察和内心的情思融通起来。描写训练不设字数限制，可多写精短的句子，力求在精短的句子中实现高质量的表达。此外，我们还要在修改中不断审视对外物的描写是否与所要表达的内在情感一致。

台阶 12

科学与人文元素的融合

以想象力打开科幻文的写作世界

名师指导

○ 科幻文是独特想象的展现

○ 想象力的基础在于科学内核

○ 想象力蕴含丰富的人文内涵

○ 科幻文融合自然科学与人文科学

扫二维码
听名师讲解

✍️ 写作困境

很多同学喜欢看科幻作品，也喜欢尝试写科幻文，但写出来的文章往往或缺乏想象力，或缺乏科学与人文元素的融合，很难激起读者的阅读欲，无法引起读者的共鸣。

例如，写"如果可以穿越时空的话，老年的自己遇见儿时的自己，或者现在的自己遇见未来的自己，会发生什么故事"这个话题时，一位同学写道："如果可以穿越回童年，我要告诉儿时的自己——一定要珍惜现在的时光，好好学习，好好工作，把机会掌握在自己的手中，不要做令自己后悔的事……"这就是披着科幻外衣的伪科幻文，既没有想象出符合科学逻辑的情节，也没有生动感人的描写，成了空洞无物的说教。有的作文已初具科幻文样貌，"脑洞"大开，科学与想象充分融合，但情节苍白，想象缺乏情境的依托，也没有对人物情感的挖掘，顶多算是各种科幻设想的堆砌。

以上困境的形成有两个方面的原因。一方面，同学们对于尖端的、前沿的科技发展水平不了解，想象力滞后，其想象看似天马行空，推究起来，则接近于幻想甚至空想，价值不大。很多同学对于科幻作品与魔幻、玄幻等作品的区别辨识不清，笔下的人物可能依然是拥有某些"神力"的角色。真正的科幻作品需要科学依据，例如写穿越时空时，需了解相关的"虫洞""黑洞""奇点""平行宇宙"等概念，没有这些科学知识支架，写出来的就会是一些"飘浮的想法"。

另一方面，同学们虽读过不少科普类的文章，从中接触了外星人、人工智能、宇宙战争、异形文明形态等，并对之产生了浓厚的兴趣，感觉自己可以写出科幻作品来，但是在对人文内涵的把握上尚显稚嫩，学识上的积淀也不够。

🎯 核心指要

我们可以从以下几个方面来认识科幻作品。

1. 独特而又无法复制的奇思妙想

科幻作品往往拥有一个令人难以置信的故事背景，创造出类似未来社会、平行宇宙等各种虚构的世界，在这个想象的空间中去寻找关于人类社会的答案；大胆地勾画出一个非常陌生化的科幻世界，仿佛在邀请读者走进这个世界中。科幻的想象力是具有浪漫诗意的，可以想象出各种不同的内容，例如某个星球上的生物、未来的城市、人类与智能技术的关系等。

2. 科学内核是想象力的基础

科学性是科幻作品的基石，科幻作品构思的是虚幻而又真实的世界：虚幻的是情节与人物，真实的是科学知识。离开科学这个点，科幻作品将不再是科幻作品，而是奇幻、玄幻、魔幻作品。科幻作品中渗透着科学知识，包括物理、天文、地理、生物……例如刘慈欣的科幻小说《流浪地球》提出了诸多奇妙设想：人类能否让地球停止转动？一旦地球停止转动，将会发生什么？地球流浪为什么没带月球？点燃木星可行吗？……其中涉及很多科学知识，作者都给出了可信的答案。

3. 想象力拥有人文内涵

科幻作品追求奇妙的想象，但人物、情感、思想等往往要具体、真实、深刻。仍以《流浪地球》为例：主人公"我"转移到了地下城，某天突发灾难，岩浆渗入了地下城，"我"在排队的长龙中等待着坐升降机上升到地面避难，不幸的是，"我"的妈妈依照《危急法》被排在了最后一段，她没能获救，被高温夺走了生命……社会每个时期都有灾害，但生命的逝去还是令人惋惜，尤其是在明明可以活下去的情况下，主人公的妈妈却由于必须遵守真实而又具体的法律被排到了后面，公平、公正却又令人无奈。这篇小说无论是情节，还是人文内涵，都能让读者产生代入感。

4. 注重开头与结尾的表达方式

科幻作品的开头通常需要先引入一个科幻设定，让读者感受到故事的背景和氛围，例如："在遥远的未来，地球已经不再适合人类居住，人类开始探索宇宙，寻找新的家园"，留下悬念，让读者对情节产生兴趣。科幻作品的结尾通常需要回答一个核心问题或者展示未来的走向，例如："我在月球上拥有了全新的家，当然，这个家是由我设计建造的。如果我想家乡了，我就会在茫茫的宇宙空间，看着淡蓝色的星球一解乡思。"开篇要将读者带入新的世界，结尾要防止过于现实而失去联想与想象的空间。

典型案例

（一）作文第一稿

偶　遇

徐源东

清晨，我叫醒了同宿舍的小珠去食堂吃早饭。蓝天、白云、红太阳……整个早上都弥漫着欢喜。我们偶遇了小久，他一脸诧异："小珠，又来吃一顿？你还想来根儿爱吃的油条？"奇怪，小珠啥时候溜下来吃了早饭？我正纳闷，小珠忽然一笑，顿时我像坐上了超高速列车一般，在不适的感觉中晕了过去。

我再次醒来，人还在食堂，手上没吃完的馅饼哪里去了？餐盘上只有一粒胶囊。我猛吸一口气，鼻子中全是黄沙的味道，外面的土地都是红色的。小珠开口了："我是小珠的后人小小珠，现在地球资源实在匮乏，为了生产胶囊，地球的半径少了一半。"他指向餐盘："我们只能吃这种石头合成的胶囊了，没有了土壤，我们只能以岩石为食了。"

我抑制不住疑惑，走出食堂。这是怎样的世界？地是红色的，天空低低的，压着一排排平房。人们似哭非哭，毫无笑意，眼泪分明在眼眶打转，但不掉下来，小小珠解释说，眼泪稀缺，不能浪费。小小珠说："我坐时空机在过去看到的植物、美食，只存在于历史博物馆！"他长叹了一口气……2000年前，人们用仅存的土壤发展转基因技术，研发了高产量、周期短的粮食作物。"但现在没有了土壤，繁衍生命只能靠岩石了。"他两手一摊。

意识开始清醒，清晨的第一缕光照在我的脸上，我醒来了，原来只是一场梦。我叫醒小珠，两人准备进食堂来一次彻底的光盘行动。只要我们不浪费资源，善待环境，地球也会善待我们吧！我俩会心一笑，节约真好！

问 题 评 析

　　这篇科幻文最吸引人的是奇思妙想，但是情节过于简单，想象缺乏科学的支点。"顿时我像坐上了超高速列车一般，在不适的感觉中晕了过去。我再次醒来，人还在食堂……"这一转折太过突然、刻意，没有交代清楚"我"为什么会穿越到未来世界；"我醒来了，原来只是一场梦"，把前文的一切都归于一场梦，削弱了"科幻"的分量，科幻文成了"梦幻文"。科幻文需要浓浓的科学味儿，做不到这一点，全文也就缺乏了顺理成章的逻辑路径。此外，本文的结尾也过于直白。"我俩会心一笑，节约真好！"这个太"实"的结尾，未把读者带入基于现实又超越现实的幻想，接近口号式的结尾让基于科幻建构起的新世界完全消失。

提升建议

1.寻找想象的科学支点

作者可以推翻第一稿中梦境的设定，让人物在梦境与现实之间自然过渡，把穿越过程写得既真实又虚幻；可以提炼科学元素，如奇点、时光隧道、黑洞、平行宇宙等，在文中巧妙运用。当然，仅凭科学概念还不够，作者也要对天文、地质、生物工程等领域多加关注。例如，人们在恶化的环境中用岩石维持生存，对这种可能性还可以从科学的角度加以论述，运用科学的思考方式来推断。想象与科学相结合是科幻创作的独有魅力，科学元素的加入使得幻想更加可信。

2.寻找情感的触动点

作者可以对想象的世界进行更细致的描画，为科幻世界建立新的秩序、新的法律，比如资源紧缺到连落泪都成了违法的行为，人失去了表达喜怒哀乐的权利；一旦人失去人类独有的情感，就会异化。这样可以让想象更具冲击力与震撼力，直击人心，引起人们对资源浪费现象的警惕与反思。一切对未来的想象都来源于对现实的观察与担忧，科幻文虽然写的是未来，但是它折射的是时代的征候，这种现实感与现场感，形成科幻文的逻辑线索；这样的科幻文读起来才会既是陌生的，又是熟悉的；既是有意思的，又是有意义的。

3.在开头与结尾增加科幻的元素

结尾可以将梦境的恍惚感与科幻的色彩相结合，自己仿佛在做梦，又仿佛处于一个特殊的时空中。品读刘慈欣的短篇小说《信使》的开篇、结尾，我们会有新的启发。开篇："老人是昨天才发现楼下那个听众的。这些天他的心绪很不好，除了拉琴，很少向窗外看。他想用窗帘和音乐把自己同外部世界隔开，但做不到……有两件事使他不安，其中一件是量子理论……另一件是原子弹。"大家看到这里，或许能猜到主人公是谁。结尾："老人猜测，他可能使自己处于一个绝对时空坐标的原点，他站在时间长河的河岸上，看着时间急流滚滚而过，愿意的话，他可以走到上下游的任何一处。爱因斯坦默默站了一会儿，慢慢地转身，又拿起了他那把旧小提琴。"[1]老人正是爱因斯坦。老人心情不好，这是幻想的触动点；中间的情节围绕爱因斯坦的科学研究而展开；结尾嵌入了主人公的一个猜测，具有科幻带来的无穷余味。

（二）作文第二稿

偶　遇

徐源东

我叫醒了小珠，我们一起去食堂吃早饭。蓝天、白云、红太阳……整个早上都弥漫着欢喜。我们偶遇小久，他一脸诧异："小珠，又来吃一顿？你还想来根儿爱吃的油条？"奇怪，小珠啥时候溜下来吃了早饭？我正纳闷，小珠挎着我的胳膊，说："那边人少，我们去

---

[1]　刘慈欣，《信使》，工人出版社，2016年。

那里排队。"走着走着，我一抬头，看到了另一个我：我走，"我"也走；我停，"我"也停。

"从没发现食堂里有这么巨大的镜子！"我说。

小珠说："这里有时空缝隙，我们去一探究竟！"说着，他拉着我走入镜子里。

我俩像在太空漫步，越走越踉踉跄跄，越走越跌跌撞撞。走着走着，小珠也不见了踪影。

"小珠！小珠！你在哪里？"

忽然一阵眩晕，我失去了知觉。醒来后，我还在食堂。手上没吃完的馅饼哪里去了？学校平时就很少有我爱吃的早餐，可这是什么？太过分了吧！餐盘里只有一粒胶囊。我猛吸一口气，鼻子中全是黄沙的味道。这时，身旁的"小珠"开口了："我是小珠的后人小小珠，现在地球的资源实在匮乏，为了生产胶囊，地球的半径少了一半。"他指向餐盘："我们只能吃这种石头合成的胶囊了，没有了土壤，我们只能以岩石为食了。"虽然感到惊讶，但我很快就接受了这个事实：人类吃石头并不奇怪，岩盐就是一种石头。对岩石进行可食化的改造是可行的，也是没办法的选择。我环顾四周，明白了事情的来龙去脉：餐厅镜子的最左边，是连接两个不同时空的虫洞，我和小珠进去以后，我误打误撞地来到了这里。

不过，外面现在是怎样的世界？天还是蓝的吗？云还那么白吗？太阳还是红彤彤的吗？我抑制不住疑惑，走出食堂，只见地是红色的，天像个倒扣的锅，压着一排排平房。人们似哭非哭，毫无笑意。有的人眼泪分明在眼眶打转，但不掉下来。小小珠解释，那是因为眼泪稀缺，不能浪费，随便掉泪是要被拘捕的。天哪！我不得不接受，随便掉眼泪是犯罪，眼泪竟然比钻石还珍贵。我终于懂了，在这里，喜怒哀乐是不该有的，我真怕自己会失去"人"独有的情感。

小小珠说："过去的植物、美食，如今只存在于历史博物馆！"他长叹了一口气："现在没有了土壤，能帮助人类维持生命的就只有岩石了。"他两手一摊。

……

我仿佛逐渐清醒，又仿佛还停留在未来；也许时间被"偷"走了一天，也许我处于一个绝对时空坐标系的原点……蓝天、白云、红太阳，清晨的第一缕光照在我的脸上，照在一滴比钻石还美的清澈的泪珠上。

文 心 闪 耀

第二稿中最触动人心的是插上科学翅膀的想象力：人类科技大发展，却过度开发，导致失去土壤，那时的世界会变成什么样？连地壳都成了口中食物，这简直匪夷所思，想象又与岩石可以食用的现实相勾连，增加了可信度，也让读者充满忧患之感：未来人类何以为生呢？值得欣赏的正是这种忧患意识。作者藏着一颗要写出深刻故事的心，所写的是极具人文关怀的大主题，从这篇作文中我们能读出一种探索未来、警示人类的味道。

这里打动读者的并不是常见的爱恨情仇、生离死别，而是因为环境恶化，人类为了生存做出的克制的选择，这是产生幻想的合情合理的触动点。让我们为之感慨的，也一定不是虫洞找得有多准，穿越的速度有多快。真正抓住读者的心的，是人异化后，连情感的表达都成了稀缺品，眼泪都成了奢侈品，这样的情节是有人文关怀、有思考价值的。在第二稿的后半部分，未来世界建立了新的秩序、新的法律，眼泪一旦掉下来，人就会被惩罚。人们因而变得麻木，失去了表达喜怒哀乐的能力。

　　结尾与开头呼应，作者表达了内心的悲哀，这正是人文与科学精神的交响与融合。

📋 规律总结

　　（1）科学和人文的融合。科学思维与人文主题相加，"加"就是自然地融合。科学涉及的可以是生物基因、外星人战争、能源、黑洞……而这些往往与人类文明、人类的生存等息息相关，有着浓郁的人文色彩。

　　（2）建构新的价值体系。例如，取得地下城居民的资格需要抽签决定，这和现实很不一样，遵照的是一种全新的价值体系。再如，掉眼泪是浪费资源，不被法律所允许。情节在既定的秩序背景下展开，读者才会觉得合理。

　　（3）讲故事逻辑自洽。建构故事情节，要有矛盾、有悬念，还能自圆其说。自圆其说既指科学的逻辑自洽，也指叙事逻辑的自洽。

（4）超现实的幻想。科幻作品是基于现实的，但是如果都来自现实，那就不叫科幻了，科幻作品既要写出情感与思想，又要超越现实，充满奇思妙想。

（5）打破常规。可以说，科幻是英雄主义、理想主义的栖息地。将岩石作为食物，带着地球转移，这就是打破常规，把不可能的变为可能。敢于打破常规，就是勇于创新。创新是文学的生命，更是科幻作品的生命。

现在，同学们是不是觉得写科幻文虽不容易，但也没那么难了吧？科幻的使命是拓展和深化人们的思想。如果读者因一篇科幻作品，在夜路上停下来，若有所思地望一会儿星空，这篇作品就是十分成功的了。

本讲精要 ✏️

我们每个人都有梦想：身披战甲上天入地，穿梭时空拯救世界……指向未来的幻想，根据现实生活中的科技、各种现象，幻想未来的美好生活，如出现了经过改进的先进装备或者工具，治病有了新的方法，穿行宇宙的方式有了新的突破，或者发现了新的生命现象。当然，我们也可以写随着科技的发展，人类的行为给世界带来的生态危机日益严重，地球上不再有生命，或者人类面临着被迫迁徙的命运，从而表达对现状的担忧，唤醒人们的环保意识。

写作科幻文，可以具体描述故事情节、人物心理，增加可读性，塑造浪漫的虚构与冰冷的现实共存的场景。在虚构的花园里生活着一只真实的蛤蟆，这种似真非真的现场，让人有身临其境的感受。

与此同时，同学们要注重提高自己的科学素养，在平时的阅读中，要积累科学知识，提升科学素养。我们只有把想象力建立在科学的基础上，才能让情节变得神奇而又合理，才不会犯知识性的错误，或将科幻文写成经不起推敲的玄幻文、奇幻文。

科幻小说将极端的空灵和厚重的现实结合起来，

注重表现科学的内涵和美感。同学们若能按照本讲的方法进行科幻文的写作，并有针对性地进行修改，也可以写出逻辑完美、情节新颖、富有情怀的科幻作品。

台阶 13

志高则言洁，志远则旨永

如何写出真实而有价值的想法

名师指导

○ 注入情感，链接社会，借鉴文本

○ 阅读滋养写作，提供素材与灵感

○ 思考赋予人存在感与价值

○ 有价值的表达实现精神产出与情感共鸣

扫二维码
听名师讲解

✎ 写作困境

　　清代初期著名的文学批评家叶燮在《原诗·外篇》中，从古人"诗言志"的观点出发，提出自己的见解："志高则其言洁，志大则其辞弘，志远则其旨永。"意思是志趣高雅的人，其作品的语言就会纯净；志气宏大的人，其作品的文辞就会雄健；志向远大的人，其作品的思想就会深邃。古人强调"文如其人"，作者的思想感情、志趣胸怀、艺术修养，不仅渗透在作品的内容中，也体现在作品的语言风格上。

　　中学生写作，在习作中表达自己的思想、胸怀和修养，也是非常重要的。然而，在具体实践中，很多同学却将写作变成取悦他人或者获取分数的手段。这种问题的产生，主要是由于习作受到了考试风向标的影响。一方面，考试考什么，老师就教什么，学生就学什么；另一方面，什么样的作文受阅卷教师青睐，学生就提前准备好，考试时再"移花接木"。

这样一来，写作就变成了"为文造情"，没有个人感情的真实抒发和自我意识的真实表达。我们所表达的想法，尽管看似真实，却是人云亦云，我们自己的独立思考和独特的精神世界并未在习作中展示。

🎯 核心指要

怎样的想法才是真实而有价值的？

《庄子》云："真者，精诚之至也。不精不诚，不能动人。"写作是个体表现自我的心灵世界、与他人沟通的文字化过程，作文中体现的是对生活的理解以及对生命的认知。要写出真实而有价值的想法，一方面我们要真诚地表达，另一方面要表达别出心裁的内容。未经认真思考的想法，最没有价值。

　　考场作文大多以材料形式呈现，在评价标准上，为防止"套作"和"宿构"，往往要求我们结合材料进行分析。这样一方面当然可以给我们提供真实的写作情境，另一方面也容易让我们陷入表达和思维的局限中，只敢围绕有限的材料范围展开，表达的方式刻板僵化，表达出的也多是重复一些已有的认知，不能带给读者启发。

　　要想在作文中写出真实而有价值的想法，应该聚焦两个要点：一是贯通想法，二是锤炼写法。具体策略有以下三点：

1. 注入情感，让想法有温度

　　我们在面对作文材料时，需要融入自己的情感，感受材料中的内容与自己生活、生命的关联。这个世界有很多正确的观点，但如果不和你的生命体验相关联，这些观点也就没有了意义。你的观点，一定要和你的生命体验有联系。高中作文命题多以高考为导向，在内容上与考生生活息息相关，在形式上有情境，有身份指向。作文指向的书写空间与切入角度有很多，我们既可以紧扣时代脉搏书写宏大主题，也可以结合个人生活与学习体验，表达个人成长的感悟与思考。

比如，某道作文题给了一段材料，让考生以"可为与有为"为主题进行写作。我们面对写作材料，要带着情感走进其中，思考材料中列举的人、事、物，和自己有没有关系，有什么关系。如果我们能够带着情感走进材料，就会有感触，有想法，就有可能进入真正的思考，并且思考的内容会带着个人生命体验的温度，也就不会只是简单罗列"可为"有哪些特点，"有为"有哪些代表，论证那些早就清晰的观点。

2. 链接社会，让想法有深度

语文是生活中的语文，写作也是如此。议论文需要我们将个人观点与社会现实联系起来，展现对社会问题的深度思考和洞察。在写作中，材料也往往会创设一定的情境，让我们的生命体验、情感认知在真实、开放的生活情境中产生联结，建构出真实的意义。

　　仍以"可为与有为"为例，学生针对作文主题注入情感地进行追问后，需要看向社会，进一步思考：今天的我们，为什么要思考"可为与有为"这个问题？在今天这个"大有可为"的时代，青年都是有为的吗？何事可为？青年当有何作为？

　　如此，我们的大脑在面对写作材料的同时，还和外部世界发生了关联，在追问中、在互动中，想法得到了深化。

3. 借鉴文本，让写法有力度

　　想法有了温度和深度，自然能带给他人启发，也能给读者提供价值。然而，有价值的想法，只有渗透作者炽热诚挚的情感，才更能让人心悦诚服。"让写法有力度"中的"力度"，指的是文章的感染力。简言之，文章在"达理"的同时，也要"通情"。

　　我们可以向优秀的文本借鉴。比如，我们可以通过把观点渗透到某一具体的事件中去，或者通过想象、联想描绘出动情的画面，把观点渗透到画面中去。以考生的一篇"可为与有为"主题的作文为例：

砥砺自我，拼搏实干，步有为之青云。何必仰头看青天？何必低头看白水？只需一步一步踏在泥土上，留下深深的脚印。

山河锦绣的时代画卷中，我看见了人民的力量，看见了实干的力量：当脱贫攻坚胜利的钟声敲响，全面建成小康社会之时；当"嫦娥"揽月九天，"玉兔""墨子"通"天宫"，科技创新捷报频传之时……一个个砥砺奋斗的身影赫然显现，一个个拼搏实干的灵魂得以升华，这是"有为"的最好范例。

该考生以"镜头切换"的方式，来呈现对拼搏实干的有为青年的赞赏，让人读来如在眼前，非常具有感染力。

当然，写法的感染力，还可以通过句式的错落和修辞的运用来增强，这里不一一展开。

总之，好的想法，必须以严密坚实的逻辑推理为"骨干"，以充沛丰盈的情感形象为"血肉"，如此，才能称得上佳作。

典型案例

（一）作文第一稿

至忠至勇，取义成仁

范凌翔

亲爱的老师、同学们：

大家好！

今天我发言的题目是"至忠至勇，取义成仁"。

茨威格曾写道："一个人虽然在同不可战胜的占绝对优势的厄运的搏斗中毁灭了自己，但他的心灵却因此变得无比高尚。"在"殷末三仁"之中，令我感触最深的正是比干这位尽忠尽义的勇士。

比干是一个忠心耿耿的贤臣。身为纣王的近臣，他对纣王抱持着崇高的爱戴之意和期望之情。但"爱之深，责之切"，当纣王昏庸无道时，他并没有选择弃纣王而去，更没有选择像奸邪小人一样进谗言、为虎作伥，而是强言直谏、规劝纣王，这体现了比干身为人臣尽忠、尽职、尽责的高尚操守。

比干是一个大义凛然的国士。直言进谏的比干，为的并不是自己的私利，而是国家之兴盛、苍生之福祉。他心怀天下，舍己为国，将自己的性命安危置之度外，为着胸中兼济天下的大义直面暴虐的纣王。正如孟子所言："二者不可得兼，舍生而取义者也。"比干为国为民而舍生取义，他的伟大岂是微子、箕子可比的？

比干更是一个无畏的勇者。明知自己的强谏必难逃一死，明知纣王不可能因为自己的劝谏而回心转意，也明知在佞臣当道的乱世，自己的渺小力量只是杯水车薪，回天乏术，但比干依旧去了。正如他自己所说："畏死不言非勇也。"比干带着对死亡的无畏和对理想无法实现的遗憾，毅然挺身而出。君子的气节，不正是如此吗？君子不做檐下之雀，当做空中鸿鹄，鞠躬尽瘁，死而后已。

虽然与微子、箕子相比，比干并没有世俗价值观中的"成功人生"，但他的生命与他的忠、义、勇一起流芳百世，汇入中华民族的秉性与血脉中。虽然他并没有像另外二人那样保全自己的性命，但他伟大的精神被代代传颂，成为中华民族品质的一部分。

新时代的我们，并不需要都成为比干那样舍生取义的烈士，但我们都可以成为中华民族精神的传承者和传播者，追随先人的脚步，从历史中汲取精神的给养并感受岁月的洗礼，成为更优秀的时代青年。

问 题 评 析

这本是一道任务驱动作文题：材料中，微子、箕子、比干三人都以社稷为重，抛开个人私利，做出了不同选择。孔子对于三者都给予了"仁者"的最高评价（即后文的"孔子说仁"）。写作任务中要求考生做出权衡，从三人中选出一个感触最深的人物作为表达对象，谈感受和思考。

上面这篇作文以比干作为表达对象，除没有按照任务要求体现出权衡外，观点明确、结构清晰、表达流畅，属于中上水平。但是，这样的文章很难给人留下深刻的印象。具体原因如下：

想法流于人云亦云。三个主体段落聚焦在"比干是一个什么样的人"上，从贤臣、国士、勇者三个角度展开论证，然而论证逻辑局限于"是什么""做了什么"，呈现出的是人所共知的历史事实，作者的想法并没有和表达对象发生真正的关联，不能给读者带来启发。

写法过于刻板僵化。从核心段落的首句，到文末对青年身份的呼应，都呈现出考场作文刻意训练的痕迹。也正因如此，文章的感染力显得不够，更难以达到让人心悦诚服的效果。

提升建议

针对以上问题，结合前文所给出的核心策略，我们可以从以下三个方面提出修改建议，以期改后的文章写出真实而有价值的想法。

一是注入情感，让材料和自己的生命体悟建立联系。作者需要思考：自己为什么要在三者中选择比干？比干的做法和自己的价值观有何相似之处？这需要对材料有深度的理解能力。相较于微子的远离是非和箕子的忍辱负重，比干的选择体现了他的忠贞刚烈、浩然正气、英勇无畏。这样的选择，在作者自己的生命体验中，是否有所触动？第一稿只在最后一段的呼吁中可见"我"的影子，但这也只是停留在表面的青年身份上，真实的、有情感的"我"难以体现。思考清楚以上问题，作者就能充分调动自己的生命感受，就会产生真实的想法，在作品中写出真正的"我"。

二是链接社会，让文章和当下时代建立联系。在建立了材料和自我的生命关联之后，作者还需进一步思考：在今天这个时代，选择比干有什么意义？为什么他比其他两位更有选择的价值？孔子对于三者，都给予了"仁者"的至高评价，也就意味着三者都有选择的理由。作者选择此而非彼，除了和自己的生命体验有关，一定和他对当下社会的洞察有关。第一稿只是很苍白地给出结论："比干为国为民而舍生取义，他的伟大岂是微子、箕子可比的？"比干为何伟大？这份伟大于当前社会的价值是什么？文中没有涉及。因此，作者需要进一步追问，在追问中深化想法。

三是让文字传递出感染力。本篇作文的形式是发言稿，因而，文章不仅要传递观点，还要有明确的现场对话感；不能一味板着面孔说道理，讲述者还需要和倾听者之间产生心灵的碰撞和情感的共鸣。第一稿的优点很多，有多种修辞和句式的变化，能让人体会到作者充沛的情感。但读者感觉仍有一层隔膜，很难真实地走进文章的情境中，这固然和前面没有建立有价值的想法有关，也和写法上的表达效果有关。我们建议作者在严谨说理的基础上，将观点渗透到具体画面的描绘上，来增强文章的感染力。

（二）作文第二稿

至忠至勇，取义成仁

范凌翔

尊敬的老师，亲爱的同学们：

大家好！

今天我发言的题目是"至忠至勇，取义成仁"。

茨威格曾写道："一个人虽然在同不可战胜的占绝

对优势的厄运的搏斗中毁灭了自己，但他的心灵却因此变得无比高尚。"在"殷末三仁"中，比起"离纣封宋"的微子与装疯为奴远赴海外的箕子，我更欣赏强谏而死的比干，是他诠释了至忠至勇、取义成仁的真正内涵。

至忠者，比干也。面对纣王的荒淫无道，比干并未像微子和箕子那样选择离去，而是毅然担起"主过不谏非忠也"的诤臣之责，至忠而死。试想：比干若去，如国运何？如商朝百姓何？因此，比干的忠并不是愚忠，他的忠也不只是忠君，更是忠于国、忠于天下苍生、忠于心中大道。比干也并不是为纣王而死，他为的是黎民的生计、社会的昌盛和崇高的价值追求。在那个时代，比干犹如沉沉暮霭中的一支火把，用自己渺小的力量，坚守着最后一线光明，他用至忠书写了一腔赤诚。

至勇者，比干也。微子离商、箕子装疯固然需要勇气，但又如何能与比干的舍生之勇相媲美？比干强谏之前必然对纣王的无药可救已心知肚明，也深知此次必然一去不复返，但他仍义无反顾地去了。他早已将个人的宠辱得失乃至生死都置之度外，心中只存有一份兼济天下的使命感，"我将无我，不负人民"。如果说比干的谏言代表了中国人的良心，那他踏上殿堂台阶的沉重却坚决的脚步，代表的正是中华民族骨子里镌刻着的"虽千万人吾往矣"的至勇。

"士不可以不弘毅，任重而道远。"比干至忠至勇的背后，象征的是一代代中国士人宁折不弯、宁死不屈的高尚气节与视天下为己任的伟岸人格。远有伯夷、叔齐之不食周粟，文天祥之"留取丹心照汗青"，近有谭嗣同之"我自横刀向天笑"，中国士人的血液里始终流淌着至忠至勇的精神气概。他们并不是不可以"留得青山在，不怕没柴烧"，但在他们的心中，时刻有个声音在呼唤，于是他们舍生取义，为国为民为理想而奉献自己，终成一代仁者。

在我看来，比干之死，死得其所。比干生命的意义虽未在当时得以实现，但无数中国人追随着他的脚步，求忠、求勇、求义、求仁。他的精神，流芳百世，传承千年。比干，诚圣人也！

文 心 闪 耀

第二稿与第一稿相比有了很大进步，优点如下：

首先，文章有温度，作品中有"我"。第二稿处处都呈现出对比，作者在比较中注入自己的情感，反复追问：可不可以不这么做？于国运、于百姓，比干不这样选择，会怎样？文中尽管没有直接出现"新时代青年"的字眼，但处处流露出一代青年"为天地立心，为生民立命，为往圣继绝学，为万世开太平"的使命和担当。

其次，观点有深度，作品中有"时代"。第二稿在分析中没有局限于比干所处的时代，而是拓展到更广阔的时空，看到比干的选择所体现的是"一代代中国士人"的气节和人格，这和作者在落笔前思考"比干的伟大于当前社会的价值是什么"有密切关联。

最后，表达有力度，作品中有"镜头"。第二稿中有不少文字呈现出镜头感，比如"在那个时代，比干犹如沉沉暮霭中的一支火把，用自己渺小的力量，坚守着最后一线光明，他用至忠书写了一腔赤诚""如果说比干的谏言代表了中国人的良心，那他踏上殿堂台阶的沉重却坚决的脚步，代表的正是中华民族骨子里镌刻着的'虽千万人吾往矣'的至勇"这两处，作者将观点的总结渗透到具体画面的描绘上，带来了强烈的感染力。

📋 规律总结

从上面习作的前后对比我们可以看到，就议论文而言，要写出真实而有价值的想法，就需要作者注入情感，深刻洞察。要做到这两点，核心就是要学会追问。

向内，问自己：我为什么要写这个？《文心雕龙》中有言："缀文者情动而辞发。"在创作的过程中，作者需要认真追问自己的内心，观照自己的经历和体验，沉潜其中，和自己对话，写出自己的真实思考。如此，"观文者"才能"披文以入情"，深受感染。

　　向外，问他人：出题人为什么想要我写这个？ 写作的目的是交流，然而承载人才考核功能的考场作文，除了要体现出交流能力的培养，还需要展现出对考生人格涵养、思维品质以及价值取向的考查。以"孔子说仁"这道材料作文题为例，出题人期望考生能在对微子、箕子、比干的比较和选择中，展现出当今时代青年的人格涵养等。考生如果能够明白这一点，在读材料时始终带着这个问题，就能将思维的触角伸向更广阔的领域。

本讲精要 ✏️

　　《围炉夜话》有云："有真性情，须有真涵养；有大识见，乃有大文章。"好的文章，和作者的性情、修养、见识密切相关。然而，在现实中，我们中学生写文章，常常有命题人的限制，需要透过命题人给出的材料和写作提示，完成写作任务。受限于材料内容，受制于评价标准，我们的习作变成了取悦他人或者博取分数的工具，没有写出真实而有价值的想法。

　　本文提出的解决策略，是以注入情感、链接社会和借鉴文本的方式，来贯通想法、锤炼写法。我们在面对写作材料时，不能只是一个旁观者，而应该躬身入局，建立材料和自己生命体悟的关联，从而在文章中写出自己的品格和胸襟。在行文过程中，我们要始终保持着"站起来"的姿态，所写的文字，是为了展示个人，不是为了取悦他人；是为了征服读者，不是为了乞求分数。通过上面习作第一稿与第二稿的对比，我们发现，依循着以上策略，写出有价值的观点也是可以做到的。

　　当然，要做到这点不是一夕之功，需要我们在日常的语文学习中不断体悟和刻意练习。

首先，培养阅读力。写作需要一定的知识储备，而阅读可以为写作提供大量素材，是写作灵感与养料的来源，丰富着每一个人的写作生命。阅读可以让每一个学生与人类崇高的精神进行对话，而写作又使得人们的生命体悟获得沉淀。每一次写作都是与灵魂进行深度交流的过程，写作是对灵魂的最佳表达形式。

其次，提升思考力。没有思考，就不能从阅读中获得价值；没有思考，就不能在认知上走向深刻。我们读得越多，对事物的看法就会越深入，思考也就更具体和深刻。正如法国作家巴尔扎克所说："一个能思考的人，才真正是一个力量无边的人。"思考能让人真实感受到自己的存在，并从中获得价值感；思考也能让人不从众，不随大流，不人云亦云。

最后，锻造表达力。能够表达出来的想法才是真正有力量的，表达是对阅读和思考的检验。有价值的表达是一种精神产出和情感共鸣，人的生命沉淀在表达中得以实现。我们写作文，既要以一定的艺术方式来传递这份精神和情感，又要让别人体会到这份情感。

　　写出真实而有价值的想法，是写作的起点。我们要努力做到文中有真话，文中有真意，字里行间以情感人，达到作文人格与真实人格的完美统一。

台阶 14

水流畅则舟行远

让语言与思维和谐同行

名师指导

○ 避免套路，增强逻辑和表现力

○ 个性化思想催生灵性语言

○ 精准表达彰显思维力量

○ 思想为本，语言为饰，和谐共生

扫二维码
听名师讲解

✏️ 写作困境

在写作时，你也许会感到思路混乱、言不及义；在表达方面，准确度和穿透力不够，语言不能与思维相吻合。其原因在于，相较于初中阶段的写作，高中阶段的写作更强调学生由形象思维表达转为抽象思维表达。进入高中阶段，同学们语言表达能力的发展往往滞后于思维的发展。在高中阶段，我们不断拓宽的眼界和"半成熟"的心智，让纷繁复杂的思想感情凝聚、碰撞，却又理不清头绪，无法用语言来承载。

而且，高中阶段对语言表达也有凝练、准确、个性、创新等更高的要求。可是为了应对考试，很多同学往往选择走捷径——使用套路化的语言来表达，文中常见大量排比的句段，如："我看见袁隆平历经磨难终于禾下乘凉；我看见张桂梅突破艰险拯救大山姑娘；我看见戍边战士风雨无阻捍卫祖国安全……"这种用记录代替思索、用罗列事例代替思维分析的空洞套话比比皆是。

此外，因受到网络的冲击，很多同学缺乏人与人之间真实的交流、谈论，缩写化、字符化、幼稚化的网络语言逐渐成为同学们现实中的交流方式，这也是很多同学一写作就词穷的一个原因。

核心指要

思维和语言是互相联系的：思维是人脑对外界的反映，语言是传达思维的工具。写作就是将思维转化为语言的一种过程。语言脱离了思维，就变成"空洞的声音"，不再是思想的传达工具。要想用语言完美地表达思维，我们在写作中要关注以下几个要点：

1. 明晰思维内容，完善思维过程，再下笔成文

思维合乎逻辑，语言才能准确、清晰、有条理。想写什么？想怎么写？语言的表述是在思维框架的逐层搭建基础上完成的。很多同学在举例时没有加入能体现思维过程的分析性文字，只有例子和结论，如："寻觅生命中的彩虹让我们实现人生价值。海伦·凯勒在盲、聋、哑的基础上学会了发声表达，甚至学会了盲文书写，终于创作出伟大的作品《假如给我三天光明》。"表达一个观点，应提供观点的证据、论证过程和结果的意义，再通过文字表达对思维反复检验、过滤，理清思维的头绪，从而优化和深化原先的思维内容。比如上述作文片段可以在事例后加上分析："人生之路总会遭受风雨打击，海伦·凯勒承受的风雨比常人更加猛烈，但她没有退缩，而是选择勇敢地直面风雨。她未能迎来天边真实的彩虹，但心中的那道彩虹让她在黑暗中乘风破浪，活出了比健康人还要精彩的人生。"这样就做到了事例与分析、思维与表达的和谐统一。

2. 借助思维导图等形式梳理思维

我们可以借助思维导图，用简明的文字将思维的要点表述出来，然后以此为基础，扩展成一段段文字，再将每段文字用适当的逻辑语言衔接在一起。这样可以培养我们从全局认识事物、抓取事物重点看清事物本质的能力。我们不妨以苏洵的《六国论》为材料，试着画出思维导图。这篇文章观点明确、论证严密：作者先表明观点——"六国破灭，非兵不利，战不善，弊在赂秦"；紧接着表明两个分论点——"赂秦而力亏，破灭之道也""不赂者以赂者丧，盖失强援，不能独完"；然后在文章主体部分用举例、对比等方法分别阐述，证明两个分论点。在分析文章包含的思维过程时，我们可以向古人学习议论文写作的方法。这篇文章让我们看到，思维的缜密和语言的精炼是可以同时存在的。

3. 保护"原声音"，重视内在语言的表达

要让生活中的谈话有趣、思辨时的论述有据、描写时的刻画有神、抒情时的表达有味，我们不仅要提升外在语言的表达能力，更要重视发自内心的"原声音"，

即内在语言的表达；尽量避免各种套路化、人云亦云的表达。仿写与套用是语言优化的初级方法，这样写出来的文章只有外壳，没有灵魂。只有通过自己的内在语言把自己的真实想法表达出来，我们的文章才能引起读者的理解与共情。

4. 缩写与扩写对于语言表达的训练很有必要

从大段的文字中提取重点进行缩写，是提炼观点的思维过程；通过合理想象与联想对简短的文字进行扩写，是准确表达认知的思维过程。缩写的方法就是要抓取重点，即在文中找段、在段中找句、在句中找词，提取重点，简化语言，精确表达。扩写的方法是通过相似、相关、相对的关系展开联想或想象。比如，对一个话题、几则时事材料，通过合乎情理的逻辑思维，充实文章或段落内容。如：面对"推开那扇门"这个话题，就要考虑"门"的象征意义，再用合适的语言阐述出来，还要考虑到开门的动作；在思维框架全面而有序地搭建好后，再用相应的语言表述出来。

📖 典型案例

（一）作文第一稿

说纽带

杨卓然

远至张骞开辟丝绸之路，欧洲探险家开辟新航路，世界成为紧密联系的整体；近及通信工具如手机的发明与发展加强了人际沟通……纽带或实或虚，却无处不在地发挥着强大的作用。这个多样化的世界，往往充满差异，而纽带联系、沟通着这个世界，发挥着不可忽视的作用。

茫茫历史长河，时间倏忽而逝。古印度、古巴比伦等文明早已落下华丽的帷幕，而中华五千年的文明依旧在传承。这纽带是商鼎周尊上镌刻的铭文，是帛书竹简上勾勒的墨痕，是笔墨纸砚间记载的情思。汉字虽形式有发展变化，但在漫长的历史中始终延续，作为文化的基因，弥合着古今的差异。倘若没有汉字作为纽带，我们恐怕要像埃及一样，等待外国的一位"商博良"来破解本国历史，岂不可悲可叹。在不同的历史时段中，不论是金戈铁马，还是诗词曲艺，它们能流传下来，其载体始终如一。正是汉字这一纽带，体现着相同的文化基因，联系古今、沟通时空。

大漠戈壁，万里荒凉，丝绸之路绵延于此。唐时玄奘西行，归来译经二十余年，为中华文化注入了佛学文化的血脉。玄奘作为文化交流的使者，他跨越的不仅是瀚海万里，更是内涵迥异的文化观念。异域文明之间，隔膜、差异，甚至怀疑、敌视，可谓多如星辰，但渴望济世救民的慈心，渴望思考生命的真谛与价值的睿智没有半分差别。这颗慈心、这份睿智便是支撑玄奘跨越万水千山的精神动力，更是令两种文化得以和谐共生甚至彼此交融的内在源泉。试问：若没有这份异中见同的精神纽带，又怎得在中国土地上看到兴盛起来的禅宗佛塔和香火袅袅？怎得在中华文化中感受到出世的禅意？

文化的纽带将以前与现在凝聚，情感的纽带是稳定社会的纽带，而理想的纽带是让我们有更好未来的纽带。唯有内心持正守一才能让各种纽带发挥它们正向的作用，才能实现世界和鸣、社会大同。

问 题 评 析

这是一篇以"纽带"为话题的议论文。开篇用事例引出"纽带",并强调其具有沟通作用,但观点并不明晰,其中"通信工具"的纽带作用与文章主体的"文化纽带"并不相符,体现不了"文化纽带"的价值意义。

习作主体部分以"文化纽带"为核心,分为两层,先论述"文字纽带"对中华历史文化传承的作用,再论述"慈心"是各种文化交流的纽带;看似角度新奇,但没有用语言表达出它们之间的逻辑关系,使得这两部分看起来只有例子和结论,没有思维过程的文字表述。

最后一段因为用套话而有假大空的感觉,应表达心声,用真情打动读者,引起读者共鸣。

提升建议

1.先想好再下笔，理清思维头绪

"纽带"是个比喻性的话题，首先要从概念上搭建本体和喻体的关系，也就是在思维方面合乎逻辑地联想何种人、事、物、情如同纽带一样有连接作用，这样在解读"什么是纽带"的时候，语言才能准确、清晰、有条理。"纽带"的概念表述是在由形象功能到抽象功能的逻辑关系搭建的基础上完成的，作者在思维方面要先想好"写什么"和"怎么写"，再付诸文字；在文字表达时也要对思维进行检验、过滤，这样有利于理清思维的头绪，从而优化和深化原先的思维内容。

2.借助思维导图，明晰思维层次

针对习作主体部分内容混乱、逻辑层次不清的问题，作者可运用思维导图的方法打开思路，梳理出各层次的关系。比如：先对关键词"纽带"进行解释，明确地表述纽带的意义；然后明确主体部分的逻辑关系——文字作为文化纽带纵向连接历史与现实，沟通文化的"慈心"打破地域隔膜，横向沟通彼此；最后，回应主题，点明文化纽带的意义在于可以跨越时空、连接彼此。按照这样的思路画出思维导图，再填充和丰富材料，这样可以使作文结构更加有序、严谨并符合逻辑。

3.发出"原声音"，引起读者共鸣

文章写到结尾难免词穷，因此很多同学会套用一些空话，草草扣题收尾，这就成了狗尾续貂。其实我们可以站在当今时代的立场看眼前、问内心，然后发出内心的"原声音"——可以是源于生活的真实感受，也可以是真实生活的几个细节，或者是对真实生活的感叹。这样，语言才会有趣、有味、有理、有神。比如连接地域的高铁、沟通文化的"孔子学院"、连接虚拟和现实的互联网等，这些"纽带"存在于我们生活中的各个角落，正在被无数人所共享着，与之有关的、发自心底的"原声音"最可贵，也最动听，更能引起读者的共鸣。

4.利用缩写与扩写，让文章简洁而充实

习作第一段语言啰唆，表达论点的语句也不够精练，作者应提炼思维的重点进行书写，让论点的表达更准确且明晰；也可去掉单薄的例子，引用一些经典语段来引出观点。

针对结尾的仓促，作者可以通过合理想象与联想对文字进行扩写。比如，结合习作主体部分呈现的文化纽带对于时空的价值意义，联系现实生活中的各种文化纽带——太极、中医、京剧等带有鲜明的中华传统文化特征的事物——扩写成合乎逻辑的充实的内容。

（二）作文第二稿

说纽带

杨卓然

文化是一个民族、一个国家的精神家园，体现了本民族的价值取向和思想风貌。悠久而厚重的历史文化对本民族的影响是潜移默化、深远持久的，它如一条纽带，牵系着个人与历史、今天与未来。它可以广阔到无涯，长远到无穷。

茫茫历史长河，时间倏忽而逝。古印度、古巴比伦等文明早已落下华丽的帷幕，而中华五千年的文明依旧传承。这当然不是历史的巧合，而是自古相传的中国汉字这一纽带，让中华文明穿越时空，得以传承延续，生生不息。这纽带是商鼎周尊上镌刻的铭文，是帛书竹简上勾勒的墨痕，是笔墨纸砚间记载的情思。汉字虽形式有发展变化，但在漫长的历史中始终延续，作为文化的基因，弥合着古今的差异。倘若没有汉字作为纽带，我们恐怕要像埃及一样，等待外国的一位"商博良"来破解本国历史，岂不可悲可叹。在不同的历史时段中，不论是金戈铁马，还是诗词曲艺，它们能流传下来，其载体始终如一。正是汉字这一纽带，体现着相同的文化基因，联系古今、沟通时空。

如果说纵向历史传承是因汉字这一纽带而得以维系，那么横向文化交融的纽带则是一代又一代的文化使者，他们异中求同，让异域的文化得以跨越隔膜，沟通彼此。

大漠戈壁，万里荒凉，丝绸之路绵延于此。唐时玄奘西行，归来译经二十多年，为中华文化注入了佛学文化的血脉。鉴真东渡，也是历尽艰辛，送去禅经，更送去了盛唐文明。玄奘和鉴真作为文化交流的使者，他们跨越的不仅是瀚海万里、巨浪千重，更是内涵迥异的文化观念。异域文明之间往往相互排斥，甚至彼此怀疑、敌视，但渴望济世救民的这颗慈心却打破了隔膜，沟通了情感，传递了文化。这颗慈心便是支撑玄奘、鉴真跨越万水千山的精神纽带，更是令各种文化得以和谐共生甚至彼此交融的内在源泉。

纽带正是那"万变"中的"恒同"，纽带可以是一人一事，甚至可以是一种观念、一颗慈心。我自信地想：文化纽带一端连着历史，另一端一定牵系着未来。驼铃悠扬的丝绸之路化为一列列疾驰的高铁，驶出国门；世界各地随处可见孔子学院，学中文如今也成了热门；太极、中医、京剧……一系列带有鲜明的中华传统文化特征的事物正在走向欧洲、美洲……正是它们联系着那些千差万别的时空、文化，让文明的血脉生生不息，让万水千山的阻隔也不过等闲，希望这情感、思想乃至文化的纽带在我们手中依然可以绵延传承。我，和许多如我一般的普通人，站在世界的东方，一手牵着历史，一手系着未来，眺望远方……

文 心 闪 耀

第二稿在开篇引出了文化纽带，明确了文化纽带的价值意义。语言表达得明白准确，文章的观点也就突出了。有条理的表达也使文章的逻辑更加清晰。

第二稿主体部分依旧是从时间和空间两个角度分析文化纽带的价值意义，这与第一稿相同；第二稿第三段作为过渡段落，搭建起两个角度之间的逻辑关系，自然地将文化纽带从时间意义上转移到了空间意义上，如此就解决了第一稿中两个角度缺乏关联的问题。

第二稿最后一段用真实生活中的事例，替换空泛的评论性语言，表达了作者内心真实的感受，更能引起读者的共鸣。

📋 规律总结

　　语言表达的准确性来源于思维的清晰和完整，而语言不仅能够体现头脑中的思想，也可以反作用于思维，使思路在表达中更加清晰和具有逻辑。我们在写作时，要先想好写作思路和叙事、说理的逻辑关系，再付诸笔端；然后在修改的过程中，用语言对思维进行检验、过滤，这样有利于理清思维的头绪，从而优化和深化原先的思维内容。我们平日可对所做或将做的事情进行多角度的思考，锻炼思维能力；在生活中时常跟同学、家长、老师等针对某个事件进行讨论、分析，这不仅可以锻炼思维和表达能力，也可以了解别人的想法，学习他人的长处。我们要在阅读中锻炼持久的阅读力，避免碎片化阅读，将优秀的经典作品一口气读下去，边读边做读书笔记，训练思维的专注性、持久性，从而提高自己的思维与表达能力。

　　在学习和生活中锻炼思维和表达的机会、方法非常多，但有一个不变的法则，那就是让思维带动语言表达，借表达优化思维过程。

本讲精要 🖊

马克思认为，语言是思维本身的要素，语言是思想的直接现实。可见思维是语言的"灵魂"，没有思维引领的语言是空洞无物的；而语言不仅是思维展示的方式，它本身就是思维的一部分。要写好一篇文章，我们首先要在头脑中对思维加以整理，再试着用恰切的语言表达出来；也许一开始的思维是欠缺逻辑、内容空乏的"碎片"，这就需要通过语言的再次梳理，使之更加清晰、明确，形成逻辑链条。

一篇好的作文是语言和思维同行，追求写出"有灵性的有感染力的语言"。要做到这一点，关键在于语言的准确、简明。准确地将思维表达出来，让人接收到作者的主张，这样的文章才有价值；简明的语言表达则更能让人迅速了解作者的写作意图。很多同学在写作时往往追求辞藻的华丽、新奇，而忽略了语言首先应具有思想性和准确性，这就本末倒置了。此外，有灵性的语言表达来源于真实且具个性的想法，来源于深入的思考和独到的见解。我们在写作时，应当注重将个人的独特视角融入其中，在此基础上再运用各种方法对语言表达进行美化，使文章更具韵律感、节奏感，从而让我们的语言也能表达得既"信"，且"达"，更"雅"。

台阶 **15**

聚铜入炉，随模铸器

如何将阅读转化为写作的力量

名师指导

○ 阅读与写作的闭环过程中需要建构纽带

○ 建构方法一：锚定目标，靶向阅读

○ 建构方法二：分类提取，元素重组

○ 建构方法三：记忆联想，加工转化

扫二维码
听名师讲解

✏️ 写作困境

　　南宋史蒙卿（号果斋）说过："读书如销铜，聚铜入炉，大鞴（bài，风箱）扇之，不销不止，极用费力。作文如铸器，铜既销矣，随模铸器，一冶即成，全不费力。所谓劳于读书，逸于作文者，此也。"这段生动的比喻，很好地概括了读书和写作的关系。读书与写作就像是车之两轮、鸿之双翼，是一体两面、互相助益、片刻不可分离的。但是在实际操作中，我们会发现，这两端经常是割裂的，很多同学看完书之后，不知道该如何分辨书中对自己写作有帮助的有效信息，不知道该如何建构"桥梁"，将外部资源内化成自己的语言与认知，不知道该如何在输出文字的过程中恰当自如地使用自己获得的信息，这是无数中学生的困境。

对于这样的困境，我们不妨从"阅读"这一端思考问题。阅读作为"动作"没有太多门槛，但是阅读的能力、深度、方法都是因人而异的，阅读转化不成写作能力，很大原因和阅读获取的信息模糊化、散点化有关。魏征有言："求木之长者，必固其根本；欲流之远者，必浚其泉源。"接下来，我们就从源头来破局和解局。

核心指要

1. 锚定目标，靶向阅读

当今社会是一个海量信息的集合体，社会的多棱镜经常折射多元化的信息，个体表达的内容都能轻而易举地通过多种渠道发布，被公众看到，因此阅读对象的质量参差不齐，可谓"乱花渐欲迷人眼"。所以当我们在选择阅读对象的时候，要从问题出发，锚定目标，以目标为靶子确定方向，循径而走，这样才可有助于高效阅读。比如，当我们在写作中遇到语言表达的困惑和障碍时，我们就要以此为靶，在优美散文中摘词化句，从而提高我们的语言能力。当我们在写作中暴露出思想的贫瘠和浅薄时，我们就要大量阅读闪烁着理性光辉的杂文、哲理文……

2. 分类提取，元素重组

人们常说"书读百遍，其义自见"，但是机械化的重复并不会有效，所以有的同学即使靶向阅读、对症阅读之后还是不见成效，这说明阅读后的提取是不明朗、散点化的，其主要原因是缺乏自觉的语文意识，缺少对语言文字、表达技巧、思维方法等方面的关注和积累。所谓语文意识就是在阅读时，对文本的遣词造句、技法结构、思想内容等与语文因素有关的方面特别关注。阅读与写作中协调一致的要素无非就是选材、思想和表达，所以在阅读中，我们也要对标不同的语文意识，分门别类地储存元素。例如，在阅读《红楼梦》时，我们需要抽丝剥茧地梳理出故事情节和人物性格，同时对曹雪芹的遣词造句进行品鉴、学习，例如形容人清秀外貌的句子："面若中秋之月，色如春晓之花。鬓若刀裁，眉如墨画，面如桃瓣，目若秋波。"形容家居陈设的奢华的句子："大紫檀雕螭案上，设着三尺来高青绿古铜鼎，悬着待漏随朝墨龙大画，一边是金蜼彝，一边是玻璃盆。地下两溜十六张楠木交椅。又有一副对联，乃乌木联牌，镶着錾银的字迹。"按照语文意识对文本分类汇总完毕后，我们需要在自己的"藏宝箱"里进行元素重组，例如描写外貌的就存在"人物描写"类里，描写环境的就存在"环境描写"类里，这样下次自己写作碰到人物形象描写或者环境描写时，就可以从中提取一些语词。

3. 记忆联想，加工转化

"操千曲而后晓声，观千剑而后识器"，我们要有记忆的基础，才能提高阅读向写作转化的比例。试问：如果记不住相关的素材，又如何能在写作遇到瓶颈时及时找到突破的方案呢？人们常说"书到用时方恨少"，这里说的不仅有读书量少的问题，也有读完后"雁过无痕"的问题。

当然，记住了大量基础素材，还不足以让我们得心应手地运用，因为可能存在引用素材契机缺失的情况；最吃亏的是在考场的限时写作中，我们因追求速度而"丢盔卸甲"，回到原点，完全没有意识到要进行引用。所以我们在日常的写作训练中，要刻意培养自己的联想和发散思维，在下笔时要能有意识地触发自己的记忆机制，这样才能顺势而为，将阅读与写作完美融合，不着痕迹。

将素材运用到写作的关键一步是加工转化。高三学生在备考记叙文的时候，往往困惑于为何之前看到的记叙文或者小说、剧本、电影的素材没法用在平常考试的作文题里？考生如果照搬照抄别人的语句，而不标记为引用，无疑就会被判为抄袭。所以这个时候我们就需要进行加工和转化：一方面需要以作文题目为主线，将积累的零散的素材重新整合、排列顺序；另一方面需要进行人物、情节、背景的置换，让故事的发生服务于主题。

🔍 典型案例

（一）作文第一稿

我们的使命

——国旗下的演讲（节选）

刘意凡

同学们，我们要有关注世界和人类命运的使命感，这是新时代青年必不可少的国际视野。我们要时刻关注国内新闻和国际新闻，不能只读圣贤书，还要做到知天下事。在世界动荡不安、人类健康受到一定威胁的时候，中国人民积极行动起来，无私地对世界各国伸出援手，大批地捐赠物资，支持基础医疗设施建设，这就是一个大国的使命。作为中国的青少年，我们要始终秉持人类命运共同体的理念。

问 题 评 析

　　一篇合格的演讲稿，鼓动性和感染力都必不可少。本段中，作者需要鼓动大家培养关注世界和人类命运的使命感，这是新时代青年必不可少的国际视野，但是后面紧跟着的是一些口号式的话语——"关注国内新闻和国际新闻，不能只读圣贤书"，也就是在列举关注世界和人类命运应如何去做，带有说教口吻，而不是通过一定的说理来建构起青年人与"关注世界和人类命运"之间的逻辑关系。这样的文字适用于通知、公告中，并不适用于国旗下进行演讲的情境。同时，"中国人民积极行动起来，无私地对世界各国伸出援手"是在用大国的使命来对标学生的使命，这样的类比并不能让学生理解和感动，只是强行给他们确立道德高度，没有做到晓之以理、动之以情，所以不具有打动人心的力量。因此，作为演讲词来说，这一段有思想浅表化、论证空洞化、语言缺少感染力等问题。

提升建议

1.锚定目标，靶向阅读

在修改作文之前，作者可以先进行相关优秀演讲稿的阅读，从中汲取灵感。如《奔涌吧，后浪》（何冰）、《最后一次讲演》（闻一多）、《我有一个梦想》（马丁·路德·金）等，这些作品都具有时代精神，能够关注一定的社会现象，有一定的语言技巧，贴合受众心理。通过阅读这些作品，我们可以提炼出优秀演讲稿的参考标准。

优秀演讲稿参考标准

针对性	能够针对特定情境和特定对象发表意见，演讲的主题要结合具体的目标或事件，考虑到听众的接受能力，力求语言简洁通俗
思想性	能够结合特定情境和现实情况深入思考，透过现象看本质，主题突出、观点鲜明，观点具有较强说服力

逻辑性	能够围绕主题深入分析并有机组合典型、真实、生动的材料去支撑观点，多用关联词表达材料、观点间的逻辑关系
感染力	能够调动听众的情绪，让听众有代入感，并能够让听众更容易认同演讲者的观点

2.分类提取，元素重组

第一稿中，"这就是一个大国的使命。作为中国的青少年，我们要始终秉持人类命运共同体的理念"的呼吁之所以没有号召力，就是因为作者泛泛而谈，没有提出激励同学行动的实际建议。这些呼吁不能是凭空想象出来的，所以如果要让演讲稿言之有物、内容丰富，作者需要补充素材。以下从新闻网站搜集、整理的素材，每一个故事都是由具体而微的个人对于世界和人类命运的关注组成的，可以很好地充实作者的演讲稿。

素材储备一：

2016年12月，北京大学的学生宋玺成为中国人民解放军第二十五批赴亚丁湾护航编队里唯一的女陆战队员。执行护航任务期间，她参与舱室搜索救援、对海射击等各项训练。每当战斗警报响起，她总能全副武装，迅速就位，举枪、瞄准、射击，以高质量的表现赢得了战友的认可。

在护航队伍中，宋玺不仅是一名特战队员，还是官兵的"心理管家"和全队的文艺骨干。她利用在学校学习的心理知识开展心理咨询等活动，帮助官兵缓解心理压力，还在执行任务和训练之余教大家唱歌。

素材储备二：

周飞虎是医生，更是军人，还是老师。在过去的两年时间里，他打赢了两场异常艰难的战斗——赴利比里亚参加抗击埃博拉任务，参加西非马里爆炸案中我国维和伤员救援任务。他因而获得2017年度"最美援外医生"的荣誉。

那是2015年1月，满载着154名中国医护人员的飞机降落在利比里亚的首都。尽管已经做了充分的心理准备，但走出机舱时，周飞虎还是吃了一惊：连接机场和市区的公路上，到处是涂着"联合国救援"标志的车辆和设备，战争片里才能看到的各种军用运输机在频繁起降，所有人进出机场都要检测体温……紧张的疫区气氛扑面而来。

中国的埃博拉治疗中心设在一个废弃的体育场对面，第一个病人是一名小学老师，周飞虎至今还记得她的名字：穆鲁巴（Mulubah）。当时，治疗埃博拉的疫苗还没有问世，周飞虎和他的战友们一边控制穆鲁巴的基础病，一边从重症医学的角度出发，改善她受损的脏器功能，同时不断给她做心理辅导："你要有信心，你一定会好的！"三管齐下，穆鲁巴奇迹般地康复了。出院那天，穆鲁巴激动地和周飞虎行了个"碰肘礼"——在疫区，任何皮肤的接触都有传染风险，人们不能握手，只能隔着衣服碰碰肘关节。

素材储备三：

作为一名"90后"，李欣已于2012年、2014年、2016年三赴南苏丹参加维和任务，三次获得联合国维和部队的最高荣誉——"和平荣誉勋章"，并因第二次维和工作突出，荣立部队三等功。

2012年，李欣22岁。他所在单位接到通知，筹组中国第9批赴南苏丹(瓦乌)维和工兵大队，他毫不犹豫地报了名。"当时没多想，觉得出国可以见见世面。"谈及此，他的语气中依然流露出简单真诚。但要佩戴上联合国臂章，并不是那么简单的事：从个人申请到各级考核，从匍匐训练到专业技术操作，李欣经过层层选拔，才圆了自己的"蓝盔梦"。

彼时，南苏丹武装冲突不断，据李欣介绍，"不管在白天还是晚上，都能听到枪声"。有一次在科瓦乔克施工，李欣拿摄像机拍工作照取证，却遭到误解，被对方拿枪指着。"当时心里还是紧张的，"李欣说，"多亏翻译人员及时解释，对方让我们删除了照片，才算了事。"

如今，李欣的宝宝已经会走路了。每次看到自己的孩子，他就会想起南苏丹的孩子们，为这些孩子感到心疼。三次维和经历中拍摄的影像，李欣都小心翼翼地保存着。"等孩子大一些，我一定好好给他讲讲南苏丹的故事。告诉他，生活在和平的环境中，是多么幸福；告诉他，只有好好学习科学文化知识，才能更好地报效祖国。"

（二）作文第二稿

我们的使命
——国旗下的演讲（节选）

刘意凡

同学们，我们要有关注世界和人类命运的使命感，这是新时代青年必不可少的国际视野。我们要时刻关注国内新闻和国际新闻，不能只读圣贤书，还要做到知天下事。在我们力所能及的时候，我们还要及时付诸行动，就如北京大学的学生宋玺一样，年轻的她远赴亚丁湾，为维护海洋和平、世界和平燃烧自己火热的生命。还有维和军人李欣，他毅然决然地报名去南苏丹维和。在异国他乡，即便被枪指着脑袋，他也仍旧坚定，甘愿为祖国的使命、为世界的安宁，抛头颅、洒热血。在世界动荡不安、人类健康受到威胁的时候，中国人民积极行动起来，无私地对世界各国伸出援手，大批地捐赠物资，支持基础医疗设施建设，这就是一个大国的使命。作为中国的青少年，我们要始终秉持人类命运共同体的理念。

问 题 评 析

　　演讲稿若要具有感染力，需要融入一些具体的事例，让这些事例成为坚实的论据，这样的演讲内容才能具有说服力。习作第二稿将素材储备中的人物故事当作例子，结合段落的分论点落实其中，但语言上还是有些生硬，没有真正叩击我们的内心深处。如何修改语言，才能让这份心怀天下的使命感淋漓尽致地发挥出来呢？《论语》中说"文质彬彬，然后君子"，这句话形容一个人的文采和实质要配合得当，也从写作上启发我们：从阅读中获取资源要双线并行，除了素材的储备，语言上的储备也是必要的。

提升建议

　　语言储备一：

　　你们正在把传统的变成现代的，把经典的变成流行的，把学术的变成大众的，把民族的变成世界的……

你们把自己的热爱变成了一个和成千上万的人分享快乐的事业，向你们的自信致敬。

——《奔涌吧，后浪》

语言储备二：

今天，这里有没有特务？你站出来！是好汉的站出来！你出来讲！凭什么要杀死李先生？杀死了人，又不敢承认，还要诬蔑人，说什么"桃色事件"，说什么共产党杀共产党，无耻啊！无耻啊！

——《最后一次讲演》

有了这个信念，我们将能一起工作，一起祈祷，一起斗争，一起坐牢，一起维护自由；因为我们知道，终有一天，我们是会自由的。

——《我有一个梦想》

以上片段为我们增强语言的感染力带来了启发，我们可从以下方面进行借鉴：

（1）人称："我们""你们"等第一、第二人称，能够拉近演讲者和听众之间的距离。

（2）修辞：通过呼告、反复、排比、设问等来增强语势，增强感染力。①呼告：撇开听众或者读者，不再以叙述人的语气，而是将感情整个融入说话或文章中，直接和所涉及的人或者物说话。②反复：根据表达需要，有意让一个句子或词语重复出现，以达到强调的目的。③排比：结构相同或相似、意思密切相关、语气一致的词句成串地排列。④设问：为了强调某部分内容，故意先提出问题。

（三）作文第三稿

我们的使命
——国旗下的演讲（节选）

刘意凡

同学们，我们要有关注世界和人类命运的使命感。这话看起来很空，其实不然：无尽的远方和无数的人都与我们有关。十六年前，我们中华民族度过了不平凡的一年：四川地震、南方雪灾，还有举世瞩目的奥运会。四海来援，万方来贺。十六年过去，中国的发展日新月异，创造了无数奇迹。中国，这个古老又充满活力的国家，面对全球性的挑战，始终秉承着"兼济天下"的胸怀，不忘对世界施以援手，为构建人类命运共同体贡献中国智慧和中国力量。

我们的国如此，那么我们个人呢？同学们，请你仰起头看看，我们站立的地方，是庄严的国旗之下。作为祖国母亲养育出的青年，我们怎能不以她为榜样？也许你会说自己太小，也许你会说这样很难，也许你会说这离我们太远，那就请你看看：

18岁的宋玺刚考上大学，就报名远赴亚丁湾守护海洋和平；22岁的李欣背井离乡，去往南苏丹参与维和。同学们！老师们！"青山一道同云雨，明月何曾是两乡"，虽然我们现在囿于方寸之地，但我们的心，我们的精神，应跨过山海，环绕世界。我们要时刻铭记：我们是什么样子，中国就会是什么样子，世界就将看到什么样子！奋斗吧，少年！

文 心 闪 耀

"文质兼美，然后感人"，思想内容和语言形式一直都是写作的双翼。从习作第一稿的空洞到第三稿的言之有物，从第一稿的寡淡无味到第三稿的激情澎湃，都得益于从阅读素材中获取的能量。对于演讲稿来说，要想富有感染力，语言和内容都是非常重要的。演讲稿是非常重要的应用类文体，我们的教材中也有所涉及，但是光靠教材，阅读量显然不太够，这就需要我们靶向定位，以大量优秀演讲稿为阅读对象，通过阅读来获取文体知识和写作方法。

首先，在对文本进行仔细分析之后，分类提取有用的成分——属于素材的归入素材这边，属于语言的归入语言这边，然后拾级而上，先充实内容，再改进语言表达。

其次，在进行阅读到写作的转换时，不能照搬照抄，而要进行语文意识的觉察和对应方法的提取。比如："有了这个信念，我们将能一起工作，一起祈祷，一起斗争，一起坐牢，一起维护自由；因为我们知道，终有一天，我们是会自由的。"从这句话我们可以提取句式，在演讲稿中仿照这种排比句来组织语言。"你们正在把传统的变成现代的，把经典的变成流行的，把学术的变成大众的，把民族变成世界的……你们把自己的热爱变成了一个和成千上万的人分享快乐的事业，向你们的自信致敬。"从这句话我们可以提取人称，演讲需要面对面的互动，所以用第一、第二人称更能够有效拉近与听众的距离。

综上，通过语言和内容上的双重联想和转化，将优秀演讲稿的相关技法运用到新题目之中，我们就既掌握了一个新文体，也落实了转化的技法。

📄 规律总结

文质兼美的内容表达不是不可企及的，但也不是随意就可触及的。要让阅读转化为写作的力量，我们需要做到"输入有方向，输出有目标"：在浩如烟海的书籍中，我们需要寻找具有深刻的思想内涵和独特的艺术魅力的作品，这样的作品不仅能够启迪我们的智慧，拓宽我们的视野，更能够触动我们的情感，引发我们的共鸣。在输出自己的思想、情感，进行语言表达时，我们需要明确写作的目标。语言是思维的外在形式，每一字每一句的输出，背后都是思维的输出。文章的题材和立意不同，语言风格和表达方式也会有所区别。比如科普类文章，一般使用简明扼要、客观准确的语言，以便读者能够清晰理解科学知识；散文则要使用更为生动、形象的语言，以传达出作者的情感和意境。只有明确了这些问题，我们才能更好地组织语言，将自己的思想、情感清晰地表达出来。只有在不断地输入与输出中，我们才能逐步接近那个理想的境界，让文字成为我们与世界沟通的桥梁。

本讲精要

　　读书如销铜，作文如铸器，两者构成了输入到输出的逻辑闭环。但是从一端到另一端输送的过程中，还需要纽带的联结。这条纽带正是由阅读为始延伸出来的方法与意识。面对阅读的对象，我们不能全盘接受，也不能一视同仁，而应该明确自己在万花丛中的目标与方向，带着问题意识去阅读、去探究、去寻找，切勿漫无目的地徘徊。

　　卡夫卡曾言："目的虽有，却无路可循；我们称之为路的，无非是踌躇。"为了减少踌躇，我们还需要刻意训练，找到提取与转化的方法。无论什么样的文字作品，它们都是以思想情感为内核、以语言文字为外壳的。如果想在阅读与写作之间完成价值匹配的输入、输出，就需要在思想情感、语言文字上下功夫。

　　阅读是信息输入的过程，但对于人类而言，"吾生也有涯，而知也无涯"，所以我们还需要以记忆为基础，然后安上联想的翅膀，创设可以进行转化和运用的契机，从而将阅读与写作合而为一。持续的量变才能引起质变。只要我们一直在读书，一直在写作，相信未来我们会实现二者的转化、融合。

非一般的作文课

连中国 编著

中国出版集团
东方出版中心

● 目录

台阶16

从『此时此刻』走向『彼时彼刻』

以洞察之思选用论据

名师指导

○ 明确素材积累情况

○ 从论点出发搜寻素材

○ 素材选取重『质』而非重『量』

○ 追求个性化的素材

扫二维码
听名师讲解

📝 **写作困境**

材料是文章的血肉。选材是指根据文章主旨选择恰切的材料。在议论文写作中，选材主要包括理论论据（如名言警句）和事例论据（使用频率会更高）两种。在日常写作中，同学们常常会有论据不恰当的问题，具体表现如下：

（1）选材低幼化。喜欢以身边人物为例，言必称"我邻居""我同学"，或屡谈如何跨越万千险阻考上好学校，这些虽是真实的生活经历，但作为议论文的论据，很难引起读者共鸣，缺乏说服力和普遍性，让人感觉视野狭窄。

（2）选材模式化。苏轼、陶渊明、司马迁堪称"例证铁三角"，一些同学写作时，不管用得对不对都得用上。即使用对了，文章也难有新意。这会造成审美疲劳，很难让文章脱颖而出。

（3）选材标签化。文章虽有事例，但没有充分阐释事例如何适用于论点，只把材料摆在文中，让读者自悟。这涉及论证方法的问题，但也是因为选择素材时没有真正明白为何而选。这会给人行文不畅、逻辑不清、强词夺理之感。

造成这些困境的原因如下：

（1）缺乏阅读与体认，输入、思考不够。"巧妇难为无米之炊"，读得少，经历得少，我们在写作的时候自然会觉得空洞无力，甚至大脑一片空白。一些同学有一定的积累，但缺乏对素材的敏感度，这其实是因为思考力不够，对生活及生命的感受力差，与他人的共情不足。只有深入思考、挖掘素材，才能灵活输出。

（2）没有将自己真切的生命感悟与写作产生有效联结。思考素材的价值很重要，更重要的是主动将自我与素材相关联，结合生活经历进行体悟，将自己的内在世界唤醒。只有这样，才能让素材"长"在自己身上，并随时取用。

🎯 核心指要

1. 重视输入，积累素材

素材的来源非常广泛，古今中外，名人逸事，无所不包。我们在阅读时，要有意识地积累素材，一旦心有所动，就可以及时在本子上记录下来。记什么呢？例如，我们对袁隆平的事迹很有触动，就应该充分了解他的生平，收集他人对他的认识与评价，甚至摘抄一些细节性的描述文字，这样才能在表达时游刃有余。当然，课内所学的人物、事件也足够丰富，甚至是书本中为人熟知的文学形象阿Q、祥林嫂等也能为我们所用。我们可以尝试以人为纲，按照时间线索进行系统的梳理；

也可以以事为纲，把成语典故、名人故事等按主题进行分类。

在整理的过程中，要注意为已知的大众化素材寻找新的视角。例如苏轼、李白、陶渊明等人，不是不能用，而是看你怎么用。例如，写苏轼就不要老写他被贬黄州时如何实现自我的"突围"，可以写他对生活的热爱，写他"眼前见天下无一个不好人"的赤诚。因此，积累素材的过程不仅是记忆的过程，更是有所侧重的筛选过程。我们可以将这一过程视为人生阅历的"彼时彼刻"，寸积铢累的无数个"彼时"，将会为成就之后的一篇篇文章暗暗蓄力。

2. 勤于思考，洞察素材

在积累的同时，要学会透过素材理解其深层内涵，思考其在不同视角下的用途。例如，当读到林觉民的故事时，我们会被他的爱国精神感动，在谈论责任、担当、爱国时都可运用；我们也会叹惋他与妻子之间的深情，在谈论人间至情至性时也可运用。当对一个素材从不同角度审视时，我们对该素材本身的理解能力便提高了，作文素材选用的范围也拓宽了。因此，积累素材不是越多越好，而要注重"有效"阅读，用心思考素材的多个使用角度。

3. 审清题意，锚定论点

要选用恰切的素材，必须知道素材与什么论点适配；在明确论点的基础上，才能自如地选用素材。很多同学在写作时是从素材出发的，下定决心要用某个素材——因为攒了好久，或者用习惯了，就生硬地套用，这是选材的大忌。选材的出发点一定是基于审题后确定的立意，要围绕论点进行选材，否则选用再好的素材，也只是"暴殄天物"，离题万里。

同一素材在不同论点之下，用法也不尽相同，需要多练习、多运用。

例如：以"爱国是一种必备的品格"为论点，就要突出苏武面对家国问题时的几次生死抉择；若要以

"坚韧是一种必备的品格"为论点，就要突出苏武在北海牧羊，遇到各种生存困境、糖衣炮弹仍坚守初心。我们可以将根据论点进行选材这一过程视为写作的"此时此刻"，而那些"彼时彼刻"积攒的素材，将跨越时空的阻隔，与我们相遇。

4. 有效联结，选用素材

在写作中，不仅要以洞察之思寻得论点与素材的内在关联，还要将二者与个人生命体验相联结，个性化地取用素材，这也是选用素材的最高境界。洞察之思，不仅体现在洞察命题人的意图之后能确定论点，还体现在运用洞察力快速将储存的适配素材调取出来，并择优选取。例如，仍以"爱国是一种必备的品格"为论点，启动搜索引擎，快速调取积累的素材：陆游、文天祥、岳飞、苏武、杜甫……但这些素材不是都要使用，选择时要尽量规避大众化的选择，选择自己更熟悉、与自己生活经历相关或能让自己产生共鸣的素材。试想：如果自己都无法感动，无法深刻理解，又如何能打动读者呢？

🔍 典型案例

（一）作文第一稿

突　围

吴亦涵

诚如一句电影台词所言："如果你不出去走走，就会以为这里是全世界。"这句话充分道明了只在原有领域徘徊、没有突破的后果，那就是流于俗套、目光狭窄。这充分体现了突破的重要性。

宋玉的《九辩》曾言："悲哉！秋之为气也。萧瑟兮草木摇落而变衰。"他因这句话被称为悲秋之始祖。此后，中国文坛无数文人墨客面对秋景也发出悲哀的叹息。曹丕《燕歌行》中写道："秋风萧瑟天气凉，草木摇落露为霜。"李煜《相见欢》中也道："无言独上西楼，月如钩，寂寞梧桐深院锁清秋。"柳永在《雨霖铃》中写道："多情自古伤离别，更那堪、冷落清秋节！"马致远在《天净沙·秋思》中也叹道："古道西风瘦马。夕阳西下，断肠人在天涯。"……悲秋之绪一直盘旋在中国人的心头，似乎一提到秋，我们最先想到的就是悲秋之情。

实际上，不只悲秋，还有无数意象与固定情感相联结：杜鹃啼血、猿猴哀鸣、大雁南飞……很多人抒情时愈发固化，只能徘徊在传统之中，正如陆游在《老学庵笔记》中所道："国初尚《文选》……故草必称'王孙'，梅必称'驿使'……"缺乏突破，便会使作品尽是些陈词滥调，俗不可耐。

这样的固化当然是不好的，正如白居易所言："文章合为时而著，歌诗合为事而作。"文学的固化，使作品千篇一律，难有新意，逐渐丧失生命力。其实何止是文学，其他领域也需要突破。一代大家齐白石早年也只是一味模仿他人，囿于传统的围墙之中，幸而他及时醒悟，刻苦钻研，找到了自己的风格，成为中国绘画史上的一代名家，他曾给自己的后辈留下警语："学我者生，似我者死。"这句话告诉我们，不能只在原地徘徊。

还是回到秋景的话题上。面对秋景，李白吟诵出"长风万里送秋雁，对此可以酣高楼"，刘禹锡放言"晴空一鹤排云上，便引诗情到碧霄"，苏轼则留下"一年好景君须记，最是橙黄橘绿时"的佳句，他们哪个是照本宣科、萧规曹随？哪个不是敢于突破、大放异彩？我们在面对秋景时，为什么只能想到相思泪、离人泪，而不能在漫山红遍、层林尽染中豪情万丈，高歌"我秋林气天下爽，万壑千岩飞未休"呢？

在原有的基础上突破，才能有更好的发展，开辟新的世界。让我们停止踟蹰、挣脱桎梏，打开一片更为广阔的天地吧！

问题评析

这篇作文最核心的问题是没有将"此时此刻"与"彼时彼刻"相勾连。首先，这是一则材料作文，作文的主题是"出去走走"。要对其内涵思考清楚，"出去走走"的意思可以是具体的、实际的，如走出一方水土；也可以是抽象、象征的，如走出某种思想的牢笼。从该同学的作文看，其更偏向于后者：大多数人对秋天的认知是伤感的，有些人却突破了这种思想束缚，得出了积极的认知。但文中齐白石等人的例子更多在讲创新，而不是走出某种思想的牢笼。也就是说，作者在分析这篇文章"此时此刻"的写作指向时存在一定偏差，导致选材不明确，有跑题之嫌。其次，我们可以看出，该同学读书不少，选的素材较多，却有"为选而选"的生硬感与累赘感。第二段用了大量的悲秋诗词作为反例，这些脍炙人口的名句，不能说没有自己的审美价值。其实该同学应将重点放在倒数第二段中提及的素材，即面对古来悲秋的传统，那些走出思想牢笼的人是如何认识秋天的。造成这篇作文素材选用不合理的原因还是作者没有对"此时此刻"的论点与"彼时彼刻"的积累做深入的思考。

提升建议

1.厘清"此时此刻"，删减无效素材

根据以上分析，我们可以将第二段悲秋的诗词及齐白石的事例等素材删除。做好这一步的前提是明确该作文的中心论点是什么、"出去走走"的内涵是什么，以此为标准，来检视原有素材中哪些符合要求，哪些不符合。

2.联结"彼时彼刻",增加有效素材

删减完素材之后,这篇作文的素材不足以支撑论点,因此还要增加素材。首先,作者对大量的古诗词能信手拈来,对悲秋这个话题也有较多的思考,因此可以借助这个优势,保留诗歌的素材,并结合论点"我们要出去走走"进行有效运用。

其次,作者曾写过随笔,在秋日出去走走时,想到了汪曾祺的《人间草木》,这是她独特的阅读经验,也是与她的生命感悟相联结的个性化素材。她曾写道:

今天我是来和秋色道别的,但是就这样慢慢走着,好像一切都慢了下来;就这样慢慢的、慢慢的,倒也不觉得伤感了。出了公园,我继续走,散步到了西单,吃完饭后觉得仍有余兴,总不那么想回家,很喜欢这种说走就走的感觉,从西单往前门溜达,说说笑笑间又回到了北海公园门口。那一瞬间像画上了一个句号,给过去的一个月,给过去期中考试带来的难过,也给这北京的金色岁月。我很喜欢汪曾祺那种平淡又真挚动人的笔法,他曾经写道:"一定要爱着点儿什么,恰似草木对光阴的钟情。"①我突然发现，自己爱上了那种出去走走的感觉……

这不正是这名学生最真切的感悟吗？为什么要浪费这一资源呢？这样真切的感悟才是作文中最匮乏、最难得的，也正是这名学生以洞察之思得来的。

3.把握行文思路，合理组织素材

在素材准备就绪后，还要考虑行文的整体思路，要明确每个素材的作用。这篇作文从悲秋的传统说开去，说到古人的传统、文学的定式，此皆没有摆脱思想束缚的反例。但有人摆脱了这些束缚，用自己的脚步丈量世界，对世界有独特的感悟，此处可以举李白、刘禹锡、苏轼等人的例子，再由古及今，说到这种"走出去"的精神一直存在，延续至今，并以汪曾祺为例，谈及作者自身在"走出去"中感受到的力量，最后呼吁读者走出去，重申观点。

---

① 网络上流传这句话出自汪曾祺的《人间草木》，但在《人间草木（插图本）》（人民文学出版社，2020年）及《汪曾祺全集》（人民文学出版社，2019年）中都没有这句话，或为讹传。

（二）作文第二稿

论"走出去"

吴亦涵

诚如一句电影台词所言："如果你不出去走走，就会以为这里是全世界。"出去走走，既是走出一方水土，更是走出自我的精神牢笼。上面这句电影台词充分道明了只在原有领域徘徊、没有走出去的后果，那就是流于俗套、眼光狭隘。

宋玉的《九辩》曾言："悲哉！秋之为气也。萧瑟兮草木摇落而变衰。"他因这句话被称为悲秋之始祖。此后，中国文坛无数文人墨客面对秋景也发出悲哀的叹息。悲秋情绪一直盘旋在中国人的心头，似乎一提到秋，我们最先想到的就是"愁"。实际上，不只悲秋，还有无数意象与固定情感相联结。杜鹃啼血、猿猴哀鸣、大雁南飞……很多人抒情时愈发固化，只能徘徊在传统之中，正如陆游在《老学庵笔记》中所道："国初尚《文选》……故草必称'王孙'，梅必称'驿使'……"如果不摆脱这种束缚，他们便只会在故纸堆中继续堆砌毫无生命个性的辞藻而已。

为何会如此呢？因为他们没有亲身走出去看看，只是人云亦云。李白走出去了，他仗剑云游，吟诵出"长风万里送秋雁，对此可以酣高楼"；刘禹锡走出去了，他在被贬途中放言"晴空一鹤排云上，便引诗情到碧霄"；苏轼走出去了，为勉励友人，他曾留下"一年好景君须记，最是橙黄橘绿时"的佳句。他们哪个是照本宣科、萧规曹随？他们以舟为笔，在人生之海中遨游，走出一方水土，更走出精神的牢笼，获得了独特的生命体悟。这些有生命力的诗句，自然为后世所传诵。这种敢于走出去的精神，值得后人学习。

有"民国苏东坡"之称的汪曾祺，就是这样的代表。他曾在作品中写道："是有路的地方，我都要走遍。"他在行走中，一花一草、人间烟火，都尽览酣赏。"一定要爱着点儿什么，恰似草木对光阴的钟情。"他这样说，也确实这样爱着世界，于是，他的文字中充满那种平淡又真挚动人的味道。即使生活并不如文字中所描绘的那般美好，他亦在走出去的过程中寻得了精神的自由，摆脱了世俗的束缚，始终敬畏地对待热气腾腾的生活。很难想象，一个困于一室的人，如何能发现生命独特的美，如何能在人生的低谷寻得挣脱精神束缚的力量。

于是，我自己也爱上了那种出去走走的感觉，那种和值得的人到值得的地方，寻觅发现这世间甚至连草木都如此深情的感觉。我也学着让自己的心在外面休憩一下，提醒自己要活得自在有趣；把日子也过成带有草木清香味儿的诗篇；只需吸一口，就能元气满满，高高兴兴。心里总得有远方，行动总得有突破，日子才能有趣有盼头嘛！

此刻的你，是否也和我一样，想来一场畅快的出走？

文心闪耀

与第一稿相比，第二稿最突出的优点便是将"此时此刻"与"彼时彼刻"有效联结起来了。首先，作者找到正确的写作方向："出去走走"不等于创新，而是走出现有的物理空间，挣脱心灵的束缚。

修改后的文章一直是扣着这一点来举例阐述的，紧紧扣着"此时此刻"，不会跑题、偏题。其次，作者以"此时此刻"为出发点审视之前的素材，发现其与"出去走走"关联性不强，便结合自身的生活、阅读经验，重新寻找新的素材，并自我核查素材能否用于证明论点。令人惊喜的是，作者结合自身的阅读、生活经历与体悟，选出了恰当的素材，文章更具个性化与独特性，让人眼前一亮。

📄 规律总结

1. 有效积累素材是前提

在议论文写作中，空有观点，没有素材，很难做到有理有据。积累素材应成为写作必须有的一个意识，而且是随时随地都要做的一件事情。议论文写作，除记忆素材以外，更要关注细节、融入情思，带着感悟和思考，多角度地品味素材。如果这些素材在阅读时都无法打动自己，无法让自己产生共鸣，就一定不要选取，因为它们同样打动不了别人。需要注意的是，积累素材不必也不能"以量取胜"，而要注重有效积累，即深度阅读，通过洞察之思开掘素材使用的深度与广度，毕竟一个好的素材是可以运用于不同论点之中的。

另外，在有一定的素材积累以后，我们还要有意识地进行分类，在分类基础上做横向或纵向的比较，比如得与失、优与劣、生与死等，这就可以将不同的素材进行有效的组合运用。

2. 联结"此时此刻"与"彼时彼刻"是难点

只有凭借敏锐的洞察力，将要写的内容与自身的生命感悟相联结，从写作的"此时此刻"出发，与平日积累的"彼时彼刻"紧密勾连，才能完成"由此及彼"的有效联结。要做到这一点是最难的，首先是"此时此刻"的确定，这要依靠我们对审题立意的准确把握，只有出发点正确，才能从素材库中进行有效提取。在提取的过程中，大脑中可能会冒出多个素材，这时我们一定要进行甄别，看看哪个更合适，合适的标准是自己对哪个素材更有体悟，更能产生洞察之思。

3. 反复、创造性地运用素材是保证

素材的选取并不能完全决定写作的质量，只有在反复运用的实践中，用心体会每一次写作与选材之间独特的内在关联，才能提升写作水平。这也是前文所说的不能"以量取胜"的缘由。仍以"典型案例"中的吴亦涵同学为例，在写另一篇作文《雅与俗》时，该同学也使用了汪曾祺与苏轼的素材。在论证雅与俗的关系时，她写道：

汪曾祺先生是真正的雅士，这从他的作品中可以窥见。相较于一些如无根浮萍般的、佶屈聱牙或华而不实的文字，他的散文读来并不晦涩难懂，如同一颗泛着果香、浸在雨水中的杨梅，描写平淡又闲适的生活。在这样的文字之间，平凡生活中的果实、花、天气和人都极具真实感和艺术美感，让人读来觉得简单又深刻：因为根植生活，所以简单通俗；因为情感深刻，所以高尚风雅。这样的风雅生于世俗，而世俗也成就了其高雅。

又如，她用苏轼的例子写道：

不论境遇多么不堪，他都笑对人生，发现生活中的乐趣，写出文采风流的作品。喝酒，写"醉饱高眠真

事业，此生有味在三余"；吃水果，写"日啖荔枝三百颗，不辞长作岭南人"；烹茶，写"雪沫乳花浮午盏，蓼茸蒿笋试春盘"……像他这样怀揣高雅情操，舍弃对权力欲望的追逐，回归单纯的世俗生活状态，就是生命中最有滋味的境界，也是真正的高雅。

由此可见，素材是可反复迁移运用的，我们可在每次运用时根据论点的不同而调整：有时在素材选取的重心上调整，有时在同一素材的论证角度上调整。

本讲精要 ✏️

　　本讲围绕"如何个性化地选择与运用论据"进行探讨，剖析当下议论文选用素材的困境，提出相应的改进策略。

　　1.明确自身素材的积累情况

　　素材是作文中的血肉，因此要明确并梳理自己掌握了哪些素材。如果确实匮乏，就要加强阅读，留心记录；如果有一定量的积累，就不要急着再去疯狂"囤货"，而要好好盘点一下手中的素材，看看会不会使用它们。要深入思考每个素材在不同情境下的使用方式，把每个素材用准、用精、用透，这样自然会融入自己的洞察之思，自然会让素材的运用个性化、独特化。

　　2.从论点统摄下的"此时此刻"出发

　　我们准备好素材后，面对具体的写作内容，一定要具体问题具体分析，明确文章的中心论点，从论点出发，在头脑中辐射式地搜寻素材。若从素材本身出发，其运用方向没有了指向性，极易造成偏题、跑题等问题。

从"此时此刻"走向"彼时彼刻" ✎ **23**
台阶16 以洞察之思选用论据

3.筛选、排布有效素材，重"质"而非重"量"

我们搜寻到素材后，不能急于马上使用，一定要将论点与这些"彼时彼刻"有着生命体悟的素材相勾连，看看它们能否用来充分论证论点，不可凭直觉，而要在头脑中完成论证过程，经过校验的素材才能叫作有效素材。因此，不是素材越多越好，而要看每个素材能否"物尽其用"，能否充分证明论点。若有多个素材，一定要看它们是否具有独特性。例如，将两个相似的古人爱国的例子平均用力，就不如举一古一今，或者只举一个例子进行充分论证，又或者一详一略，略者作为辅助论证；若平均用力，就会显得累赘，甚至有凑字数的嫌疑。此外，若有多个素材，还要根据文章的行文思路排布它们，而非直接堆砌。

4.追求个性化的素材

选材的标准首先是"对"，即切合题意、观点正确；其次是"好"，要真实具体、视野开阔、独特新颖。所谓的个性化，不见得是求新求怪；即使是同一个素材，开掘、洞察的角度不同，也会给人眼前一亮之感。如果还有余力，可以再看看有没有更独特、更个性化的素材，平时有意识地积累一些。简而言之，"人无我有，人有我优"，是素材选用的不二法门。

台阶17

议论应该与深度携手

『概念阐述』和『因果论证』两种方法使用例说

名师指导

○ 论证应追求严谨和深度

○ 透过现象看本质，多尝试因果论证

○ 阐释关键词，让议论走向准确和深刻

○ 用联系和发展的视角思索问题

○ 永远不要忘记教材经典文段

扫二维码
听名师讲解

写作困境

中学生的议论文写作困境，往往可以归结为以下三个方面：素材不够、观点不新、论证方法单一。以论证方法为例，同学们最擅长举例论证，用积累的素材去支撑自己的观点，为了追求论证方法多样化，又辅以比喻论证、类比论证等。但是，这些是不是足够支撑议论文应有的深度和力度呢？

《劝学》篇中有一段精彩的类比：

青，取之于蓝，而青于蓝；冰，水为之，而寒于水。木直中绳，輮以为轮，其曲中规。虽有槁暴，不复挺者，輮使之然也。故木受绳则直，金就砺则利，君子博学而日参省乎己，则知明而行无过矣。

我们仔细想想：对于"青""冰""木""金"这四者来说成立的现象，放在人的身上就一定适用吗？这其中有必然性吗？

中学生议论文写作也存在类似问题，即没能在常规论证方法的基础之上追求更专业、更有效的论证表达。其中最根本的原因在于思考深度不够，进而导致两个结果：一是观点浅层化，难以一针见血地写出人、事背后更深刻、更深远、更有力量的东西，只追求相似性，不追求必然性。二是论证方法单一化。比如举例论证有其不可替代的好处，但其只能证伪不能证实，这种时候，因果论证等更严谨的论证方法如果缺位，就会成为议论的弱点。

🎯 核心指要

1. 写作要有透过现象看本质的强烈意识，因果论证不应缺位

本质是隐藏在现象背后的，现象有可能是真相，也有可能是假象，写作需要求真，所以必须透过现象看本质，这应该是写作者主动思考的过程。恩格斯《社会历史的决定性基础》一文中的一段论述，很恰切地体现了这一点：

人们自己创造自己的历史，但是到现在为止，他们并不是按照共同的意志，根据一个共同的计划，甚至不是在一个有明确界限的既定社会内来创造自己的历史。他们的意向是相互交错的，正因为如此，在所有这样的社会里，都是那种以偶然性为其补充和表现形式的必然性占统治地位。

这一段论述中，透过现象看本质表现在对因果关系的洞悉和对偶然性与必然性关系的洞悉上。因为人民不是在有着共同意志、共同计划和有明确界限的既定社

会中来创造历史的，所以这种必然性不是显性的必然性，而是以偶然性作为其补充和表现形式的必然性。这就揭示了一种表里关系，即偶然性是表象，必然性才是社会历史发展的本质。

2. 有力度的论证从准确地阐述关键概念开始

没有绝对的真理，只有在一定条件下成立的真理。概念内涵对于表达观点和论证观点都至关重要。举个例子：同样是论述"自爱"，我们可以在阐述概念时呈现完全不同的表达——

A.爱惜并竭尽所能保护好自己的身心世界，是为自爱。

B.爱惜并竭尽所能保护好自己的精神世界，是为自爱。

这两种表达的差别在于"身心世界"和"精神世界"这两个概念的差别。是不是任何情况下都要不惜一切代价保护好自己的身体呢？那屈原投江，林觉民赴死，将士在战场上拼杀，他们不自爱吗？这样的概念阐释很容易让自己的论述陷入片面、简单的境地。如果说保护好自己的精神世界才是自爱，不让精神世界轻易沾染污点，最终成为污浊之地，那么屈原、陶渊明就是历史上最自爱的人。

由此可见，清晰、准确地界定关键概念，是有力论述的开始。如果把"自爱"的概念界定完善一下，我们就可以这样表述：

只有从肉体和精神的关系上来理解"自爱"，我们才可以把为了保全肉体而牺牲精神的行为称为"自害"，把即使牺牲生命也要保持、成就精神的行为称为"自爱"。

如果把"自爱"的概念换一个角度，我们还可以这样表述：

只有把人与利益的关系放在社会的"群"中来衡量，我们才可以把不牺牲自身行为原则的保全自己称为"自爱"，把不以牺牲他人为代价的成就自己称为"自爱"。

完善后的表述之所以让读者觉得更具说服力，是因为加了"条件"和"具体表现"。可见，具体地界定关键概念，是有力论述的开始。

典型案例

（一）作文第一稿

<h3 style="text-align:center">常给命运的齿轮加点油</h3>

邢真

1949年10月1日，中华人民共和国成立了。从此，属于中华民族命运的齿轮开始转动。在这70余年的历史中，中华民族持续踔厉奋发，砥砺前行。这依赖的是党的正确领导。中国共产党就如中华民族命运齿轮上的润滑油，保证齿轮持续转动。

所以，常给命运的齿轮加点油，才能在关键的转折点上不"卡壳"。但是，如果安于现状，如一些网友所言，自己的命运已脱离掌控，那么，这油少了，齿轮还如何转呢？

首先，给命运的齿轮加抓住机遇的"油"。抓住机遇不是谋财害命，更不是违法犯罪，而是要善于观察、掌控时机。数十年前，疟疾横行，屠呦呦受命进行特效药的开发。不幸的是，纵使她阅古籍、研百草，也始终未能找到梦中的那味药。但是，不甘平凡的她转变思路，把握住了低温提取青蒿素这一方法，终成诺贝尔奖得主，造福世界。倘若她轻易言弃，不认真翻阅书籍，不细心钻研，就抓不住这一机会。可见，抓住机遇真是一味良药。

其次，给命运的齿轮加勤奋刻苦的"油"。古有凿壁偷光，囊萤映雪，今有奋战高考，逐梦蓝天。焦裕禄作为一名优秀的共产党员，没有一点儿领导架子，一到兰考便走村串户、访贫问苦，他的坚毅令无数人折服。盐碱地绿了，洪水退了，庄稼熟了……这些都离不开他曾吃过的苦。正是通过勤奋刻苦，焦书记治好了兰考，名垂青史。作为新时代的青年，我们应向他学习，将刻苦铭刻于心，努力学习，为国争光！

最后，给命运的齿轮加心怀天下的"油"。袁隆平为了让全中国人民吃饱饭，一辈子致力于他的"禾下乘凉梦"，最终实现了"喜看稻菽千重浪"的科研理想。钱学森积极钻研数年，放弃美国的优越条件，毅然回国从事"两弹一星"事业，支持他坚持下去的，是对祖国、对人民的热爱。钟南山双肩挑起国家交给他的重任，八十余岁高龄仍奋战在第一线。以上种种事例历历在目，无时无刻不提醒我们：心怀天下。这天下，就是祖国和人民。

给自己命运的齿轮加点油吧！别让它生锈，别让它褪色，更别让它停止转动。时时牢记：以吾辈青年之责任，筑祖国辉煌之未来！

问题评析

这篇作文应一道材料作文题而写，主要问题在于三个方面：

一是对"命运的齿轮开始转动"的内涵及特点的界定并不清晰，这就导致作文第二段便有偷换概念之嫌。材料中明确写道："'命运的齿轮开始转动'简而言之，可以理解为改写命运的某个瞬间，或者影响其一生轨迹的转折点"，而作者将"命运的齿轮开始转动"理解为命运不停前行的脚步，可见混淆了概念。

二是论证逻辑不够严谨，论证思路跳脱，没能做到由浅入深，缺少因果论证。比如，标题中的"常"字就有失严谨，因为命运的齿轮往往意味着重要关口，现实中很难做到"常加点油"。再如，这道材料作文题要求学生"结合自己对于社会人生的认知和理解"来写，而本文首段以国家为例引出下文，不恰当。

三是事实论据因为剪裁不当导致不够典型，支撑力不够。比如倒数第二段，作者简述事例，和上文的详细叙述形成配合，这很好；但每个事例并没有凸显与"命运的齿轮开始转动"相关联的横截面，需要回到人物经历中，定位其生命中改写其命运的某个瞬间或影响其一生轨迹的转折点，然后探讨其背后的动因，这样才具有说服力。

提升建议

这道材料作文题源自生活热点，勾连人们的生活境遇，引导学生回到生活中思考与"命运的齿轮开始转动"的相关认识、思考或者经历。陈述主体和思考对象都应该是作为鲜活生命的作者自己，也就是"我"对于"我"的"命运的齿轮开始转动"的思考和见解，他人他例只是佐证，不能喧宾夺主。

基本问题要理清楚。"命运的齿轮开始转动"是一种比喻性的说法，需要准确定位本体。对此，材料中已经明确给出解释，其中的"瞬间"和"转折点"当然指的是作者经历的一些人或事，而且这些人、事改写了其命运或影响了其一生。在主观上忽略了具体而追求抽象，将"命运的齿轮开始转动"这一概念偷换为"让生命前行""抓住人生的机会""给命运加油打气"等，均为离题。

哪种例子属于切题呢？比如《哦，香雪》一文中，香雪在镇上读书，看到同学的自动铅笔盒，无限渴望并最终成功获得自动铅笔盒。这个对自动铅笔盒的渴望就是那个转动香雪命运齿轮的瞬间，渴望铅笔盒背后深层的动因是香雪对知识、对新事物、对外界的渴望和探索。

作者要深入论证，一定要对命运齿轮的转动有丰富而准确的界定，它可以是人生中猝然相遇的一些事件，也可以是我们应对这些事件所做的选择。前者不可掌控，后者可以掌控。命运齿轮的转动是影响，是改写，但有时更是生命的蜕变和超越，能让我们成为"大写的人"。命运齿轮的转动并非都是被动的，主动为之更具与命运抗争的意志力。

（二）作文第二稿

给命运的齿轮加点油

邢真

电影中的"魔童"哪吒怒吼"我命由我不由天"，是的，自己的命运必须掌握在自己手中。为什么呢？我们不想停滞，于是愿意勤奋刻苦；我们不想平庸，于是愿意抓住机遇；我们想要铸就伟大，于是个人与时代紧紧相连。这三者——勤奋刻苦、抓住机遇、个人与时代紧紧相连，便是命运齿轮的润滑油，有了它们，命运的齿轮开始转动。

　　有网友说，自己的命运已脱离掌控，言语中充满无奈。也有网友说，自己命运的齿轮已经生锈，声调中满是疲惫。但我想问：如果此刻我就是他们，我将怎么办？是让生命的齿轮继续锈迹斑斑进而彻底停滞，终至于腐朽吗？是让生命的齿轮永远定格在内心无力的那一天吗？我当然不同意，不仅因为我此刻正青春，也因为即使不青春，我也应该为自己的命运注入一汪"活水"。

　　那么，什么样的"油"能为命运齿轮的转动提供条件呢？

　　首先，勤奋刻苦是基础的"油"。

　　焦裕禄一到兰考便实干苦干，风沙最大的时候，他带头下去查风口、探流沙；雨最大的时候，他带头冒雨涉水，观看洪水流势和变化。"活着我没有治好沙丘，死了也要看着你们把沙丘治好！"据说这是他生前留下的话。他的坚毅直到死后，仍令人折服。盐碱地绿了，洪水退了，庄稼熟了……这些都离不开他曾吃过的苦。正是因为勤奋刻苦，焦书记治好了兰考，让兰考人民过上了好日子，也改变了自己的人生。焦裕禄命运的齿轮因勤奋刻苦而转动，兰考的命运因焦裕禄而转动。

将刻苦内化于心，将勤奋外化于行；通过艰苦卓绝的奋斗，我们才能让命运的齿轮开始转动。

其次，抓住机遇是升级的"油"。

抓住机遇不是唯利是图、谋财害命，更不是不择手段、违法犯罪，而是要善于观察、掌控时机。数十年前，疟疾横行，屠呦呦受命进行特效药的开发。不幸的是，纵使她阅古籍、研百草，也始终未找到梦中的那味药。但是，不甘平凡的她灵活地转变思路，巧妙地把握住了低温提取青蒿素这一方法，最终造福世界、名垂青史。

最后，是心怀天下这一生命之"油"。

"喜看稻菽千重浪，最是风流袁隆平。"袁隆平为了让全中国人民吃饱饭，一辈子致力于他的"禾下乘凉梦"，以一己之力创造其他科学家口中的"不可能"，让全中国乃至全世界人民不再挨饿。这是属于袁老的命运转折点，探其动因，四个字：心怀天下。这天下，就是祖国和人民。命运的齿轮因我身后的家国天下而毅然转动。这是最伟大、最卓异的转动。

给自己命运的齿轮加点油吧！带着我，带着我的时代。别让它生锈，别让它褪色，更别让它无法转动，时时刻刻牢记！

文 心 闪 耀

修改后的文章在核心概念的界定上做得比较出色，标题"给命运的齿轮加点油"运用了比喻的修辞手法。"油"的本体指什么呢？首段用排比句做了清晰的阐释。行文中也借用整齐的句式给文章增色，比如："抓住机遇不是唯利是图、谋财害命，更不是不择手段、违法犯罪，而是要善于观察、掌控时机。"这就使论述更准确有力。

此外，本文的整体论述基于一个比较深刻的理念，即命运的齿轮是可以通过自己的主动努力而转动的，并不是全然被动的过程，这就反驳了很多消极论调。在论述过程中，作者通过因果论证又深化了给命运齿轮加点油的深层动因，做到了透过现象看本质。

📄 规律总结

1. 核心概念界定适合从论述起便使用，让整篇文章在清晰的话题内涵中行进

比如，作文第一段可以这样来写：

最近，网络上热议"命运的齿轮开始转动"这一话题，"命运的齿轮"是什么意思呢？意思就是改写命运的某个瞬间或者影响其一生轨迹的转折点。在这个解释中，我们先理一理其中的关键之处：一是"改写命运"或"影响一生"，可见这"转动"极其重要，不亚于重生；二是"某个瞬间"或"转折点"，可见这"转动"不会长久驻足，它可能忽然而至，可能不期而遇，可能来去匆匆。它至关重要，它往来倏忽。在我们的命运中，齿轮随时可能转动。所以，我们必须守在自己命运的齿轮旁边，寸步不离。

这一段准确界定"改写命运""影响一生""某个瞬间""转折点"几个关键词的特点，进而就着这些特点引出自己的观点："我们必须守在自己命运的齿轮旁

边，寸步不离。"观点亮得有依据，有态度，有情感。

2. 透过现象看本质是一种主动的论证意识，因果论证是其外显的一种论证方法

比如，为何要给命运的齿轮加油？探讨这个问题就是主动探寻本质，找寻原因，因为命运的齿轮会有长久不转或静止不动的时候，所以我们需要守在它旁边，必要时，大胆加点油或者拉下制动器。

有时，命运齿轮的转动未必如你我所愿；命运的大手，有时力气有点儿大，捏疼了有血有肉的人。当它因为不可抗力而猝然转动的时候，我们一定要守护在它旁边，让它不要脱轨而坠落，而毁灭。就像史铁生的命运的齿轮，他在《务虚笔记》中写道："如果你站在四岁的O（一位女教师）的位置瞻望未来，你会说她前途未卜，你会说她前途无限，要是你站在她的终点看这个生命的轨迹，你看到的只是一条路，你就只能看见一条命定之途。所有的生命都一样，所有的人都是这样。"这是他痛定思痛后悲凉的声音，也是在命运前观照自己、重建自己的过程。

本讲精要 ✏️

1.论证方法除追求多样外，还应追求严谨和深度

常规的论证方法，如举例论证、对比论证、类比论证、比喻论证等，每一种都有独特的特点和功能，但仅仅是用上了还远远不够，我们应该有更专业的尝试，追求论证的严谨和深度。

2.要有透过现象看本质的意识，多尝试因果论证

如何透过现象看本质呢？一是要有在联系中思考问题、在发展中思考问题、在对立统一中思考问题的习惯。二是要有因果追问的主动性，因果关系是最能揭示事物间必然联系的一种关系，应该借因果论证增强议论的深度。

3.学会阐释关键词，让议论走向准确和深刻

毛泽东是概念界定的高手，他在《改造我们的学习》一文中有这样一段论述：

这种态度，就是有的放矢的态度。"的"就是中国革命，"矢"就是马克思列宁主义。我们中国共产党人所以要找这根"矢"，就是为了要射中国革

命和东方革命这个"的"的。这种态度，就是实事求是的态度。"实事"就是客观存在着的一切事物，"是"就是客观事物的内部联系，即规律性，"求"就是我们去研究。

这一段从两个角度分别用中国人熟知的两个成语"有的放矢"和"实事求是"阐释马克思列宁主义的态度，但作者并未止步于此，而是进一步做"概念中的概念"阐释，根据革命实际，对"的"和"矢"进行准确界定，然后又从唯物角度出发界定"实事"和"是"的含义。这让我们看到了严谨的论证态度。可见，有力论证从准确、具体、简洁地阐述关键概念开始。

4. 用联系和发展的视角思索问题是好方法

这个联系和发展首先应该指向真实的写作者"我"与写作话题的联系，比如上文"命运的齿轮开始转动"的话题，联系作者真实身份——一个还在求学阶段的学生，再联系作者的一些真实特点——年龄十六七岁、精力体力旺盛、人生才刚刚走进前半程——来思考，角度和深度就会变得真实而不泛化。再把"我"放在发展的进程中审视：现在十几岁的"我"，终将会变成二十几岁、四十几岁、六十几岁的"我",在这个变化的过程中,"我"极有可能会遇到和史铁生等人相似的生命困境、生活困境,"我"将如何做?没有这个"我",作文便不容易写出真实、写得深远。

5.永远不要忘记教材经典文段

教材的最大价值在于优质的示范性,任何一种论证方法在其中都可以找到典型的文段,比如《人的正确思想是从哪里来的?》一文中就有一段透过现象看本质的经典示例:

在社会斗争中,代表先进阶级的势力,有时候有些失败,并不是因为思想不正确,而是因为在斗争力量的对比上,先进势力这一方,暂时还不如反动势力那一方,所以暂时失败了,但是以后总有一天会要成功的。

这一段论述探讨的表象是,先进势力失败了,是不是等于思想不正确;其背后的本质是,不是先进势力的思想不正确,而是他们的斗争力量暂时不如反动势力那一方。这就说明白了一个问题:判断思想正确与否不能以眼前的胜负为依据。

台阶 18

意在笔先　清晰通顺

破除模板束缚，实现有层次的准确表达

名师指导

○ 思路清晰，思维指导语言

○ 理清框架，行文层次分明

○ 清晰准确，语句通顺自然

扫二维码
听名师讲解

✍️ 写作困境

　　写作是语文学习的重要一环，文字表达能力强，可以让我们在考试中得高分，从而获得更多更好的学习机会。但过分看重考试分数，功利化地追求在有限时间内写出高分作文，导致以"考场作文写作模板""中学生表达套路"等关键词为主题的课程层出不穷，并受到众多师生和家长的追捧，由此也诞生了千篇一律的考场"八股文"，其生硬刻板的扭捏表达，句式整齐、词汇"高级"却连表意清晰都难以做到的文字，真的可以检验考生的语言表达能力吗？文如其人，一次次独特的思考、一段段鲜活的记忆、一个个生动的灵魂，怎能被"模板""套路"禁锢？

🎯 核心指要

1. 写作思路要清晰

　　同学们在写作中，常常会出现盲目追求语言的华丽，表达空洞、累赘，欠缺清晰的写作思路等问题。这里所说的"清晰的写作思路"包括两个角度：一是对题目要求的清晰，二是对写作认知的清晰。在表达层面，语句要清晰准确、通顺自然，力求真实、通顺、通达，做到语言清明、清澈、清透。

2. 行文层次要分明

　　针对盲目模仿高分作文，表达模糊、无序等问题，同学们要做到行文层次分明，理清全文逻辑框架，对中心论点与分论点之间、段落与段落之间、事例与事例之间、句子与句子之间、词语与词语之间的逻辑关系了然于心。只有逻辑清晰了，语言才能够清晰通顺。

🔍 典型案例

（一）作文第一稿

冷热顷刻间　功名宏观变

吴佳骏

当今时代，信息洪流如千军万马一般席卷着人们的精神世界。光怪陆离中，我们不难发现：有人想乘此追求自身功名之"热"，有人身居功名之"冷"欲逆天改命，也有人甘居于"冷"、默默无闻。当今时代之下，功名的"冷"与"热"瞬息万变，足以让我们对功名观进行深思。

纵观时代流量前沿，不少人前仆后继，追求自身之"热"，却最终落于功名之"冷"。时下人们追求看各式各样的流量明星，更有甚者，为了位列明星偶像的粉丝榜首，掏空家底、砸锅卖铁，将血汗钱投给素不相识的"名流"，当上了"头号粉丝"，却丢了过上"头号生活"的机会，以火中取栗来形容恰如其分。再如某些博主为了追求热度，哗众取宠，甚至表现不雅、低俗，最终受到制裁，反而沦落到"冷"的地步。以上几例，恰恰反映了一心图取自身功名之"热"，却顷刻间变"冷"的事实。

相比之下，不少人默默无闻，坚持奋斗，甘于功名之"冷"，却收获意外之"热"。中国科学家邓稼先、于敏等"两弹"元勋，隐姓埋名数十载，置身于西北漫天黄沙中，戈壁滩上一声巨响才传达出他们功名之"热"。中国航天员邓清明作为曾经的替补人员，多次与上太空的机会失之交臂，而他无怨无悔，一心想着的是对祖国航天的贡献，是高强度训练，最终实现了夙夜以求的航天梦想，点燃了人生之"热"。这些曾经鲜为人知的故事，如今已成为妇孺皆知的美谈。他们是为了自身之"热"而奋斗吗？显然，他们曾经处于"冷"中，但他们心中怀有祖国，想着神州大地上的人民，对伟大复兴的民族事业的忠心始终不渝。是他们以"冷"成就了社会、国家之"热"，才让自身有了意外的"热"的收获。

时代之下，功名的"冷""热"变迁，要求我们重新审视自己的功名观。对于哗众取宠、招摇撞骗地追求"热"的前车之鉴，我们不能熟视无睹。而科学家前辈孜孜以求地推动国家发展的丰功伟绩，我们更应见贤思齐。如今，世界正处于百年未有之大变局中，无数的变革风起云涌，我们应沉下心来，不因功名而浮躁，潜心钻研，审时度势，为中国梦之"热"而奋斗。

总而言之，信息时代的洪流，要求我们反思功名"冷""热"，寻找时代需求，用自身奋斗共同实现中国之"热"。作为奋斗中的我们，也终将成为"热"之燎原星火。

问 题 评 析

这是一篇在高三联考中得分中等的考场作文。整体而言，作者有一定的语言表达功底，通篇文章在逻辑层面表达清晰通顺。

就思维层面而言，考生能够做到意在笔先。但是也有细节上不够到位的地方，例如第二段的最后一句："以上几例，恰恰反映了一心图取自身功名之'热'，却顷刻间变'冷'的事实。"这句话作为本段的小结句，起到了总结段落的作用，可是"顷刻间"在文中没有明确体现，也并不是论证的重点。

在表达层面，通篇可以让人感受到考生想要表现技巧丰富、辞藻华美的愿望。但是，所有的技巧和文采都应建立在思路清晰准确、表达通顺晓畅的基础之上。这篇文章的表达还存在一些问题：

1.表达不够准确

文章通篇围绕"冷""热""功名""功名观"进行论述，从文章中心论点着眼，最后行文上升到了民族的层次；但如果只是说"功名""功名观"，显然应该落到个人的角度，表达不够准确。

2.形容有失偏颇

标题的上半句"冷热顷刻间"紧扣关键词"冷""热"，但何以是"顷刻间"呢？变化有这么快吗？行文并没有体现。标题的下半句"功名宏观变"，关于"功名"前文已分析，此处不赘述。"宏观变"是人生的宏观，还是家国的宏观？怎样叫宏观？对应的微观是什么？这些并不能在文中找到相应的答案。同样的还有第三段最后一句："是他们以

'冷'成就了社会、国家之'热'，才让自身有了意外的'热'的收获。""意外"在《新华字典》中的解释是"意料之外，料想不到的事件，也指突如其来的不好的事件"；在法律词条中，有"受外来的、突发的、非本意的、非疾病的使身体受到伤害的客观事件"含义。"意外"一词在此处使用不妥，原因有三：其一，英雄的初心不是受追捧，所以他们没有特地去思考能不能成名，成名这一结果不属于预想的范围，它只是静心做事、忠心爱国的附属品，所以不存在"意外"；其二，享有声誉不是不好的事情；其三，英雄被人敬仰不是突如其来的。

3.非同义词的替换

第一段末尾："当今时代之下，功名的'冷'与'热'瞬息万变，足以让我们对功名观进行深思。"前句写"功名"，后句直接写"功名观"，二者是不能等同的，这样表达不够严谨。同样的问题，还出现在第四段的第一句。

4.表达过于口语化

第二段开头一句"纵观时代流量前沿"，"流量"有"前沿"吗？"前沿"可以"纵观"吗？表达 随意，经不起深究。同样口语化表达的还有第三段"多次与上太空的机会失之交臂"一句中的"上太空"。

5.矫揉造作，用词不当

第五段的最后一句"作为奋斗中的我们，也终将成为'热'之燎原星火"，语句欠通顺，让人摸不着头脑。第二段"以火中取栗来形容恰如其分"的"火中取栗"使用不当。"火中取栗"比喻冒险替人出力，自己吃苦还得不到好处，但此处没有替人出力的意思。多次使用成语只是想增添文采，如若使用不当，便会适得其反。

这只是一篇中规中矩的考场作文在表达中凸显的问题。考场作文的"高分模板""表达套路"让考生缺乏真正的思考，使语言变得生硬；"为了文采而文采"，使文章成为空中楼阁，缺失了意在笔先、表达清晰通顺的基础。

提升建议

1.明确词语含义，做到准确使用

汉语历史悠久、词汇丰富，每个词语都有其适用范围，"差之毫厘"，就会"谬以千里"。明确词语的含义和使用方法，表达准确，避免误用，才能使文章真正达其意。

2.注意句子结构，确保流畅自然

词语构成句子，正确的句子结构不仅可以保证行文的流畅自然，而且关系到文字间微妙的逻辑关系。同时，特殊的句式有特殊的表达效果，对论述论点的情感强烈程度也有不同的调节作用。

3.避免口语化，表达清晰文雅

在语言的发展过程中，用词、句式和表达方式将口语表达和书面表达区分开来。考场作文应避免口语化现象，在表达清晰准确、通顺自然的基础上，争取有文采。文采是考生文字功底的自然流露，重在锦上添花。抛开清晰准确、通顺自然谈文采，是无源之水、无本之木。

以准确明了、通顺自然、清晰文雅为基础，争取做到辞藻华美、文章有气势，这就是表达层面的意在笔先。

（二）作文第二稿

坐得"冷"板凳　点燃"热"人生

吴佳骏

当今时代，信息洪流如千军万马一般席卷着人们的精神世界。光怪陆离中，我们不难发现：有人想乘此时机快速追求人生之"热"，却遇到人生"冷"水；有人深知遇人生之"冷"时，要逆天改命，需守住清静，默默耕耘。当今时代瞬息万变，人生的"冷""热"交替，足以引起我们的深思。

有些人盲目追求自身之"热"，却落得生活之"冷"。热点是众人追求的，可"君子爱财，取之有道"，时下有些人为了追逐热点，哗众取宠，最终却受到制裁，反而沦落到"冷"的地步。有进取之心，渴望热烈的生活无可厚非，但是罗马不是一天建成的，只有脚踏实地、有高尚道德、有真才实学，才能够以一砖一瓦构建起自己坚固的堡垒，经受住"热"的考验。一心图取"热"，却不为"热"提供源源不断的道德、能力"柴火"，到手的终究是空中楼阁，难逃"冷"的结局。

　　相比之下，真正的时代弄潮儿坐得"冷"板凳，点燃"热"人生。他们坚定理想信念，不惧独行，持续奋斗，终会点燃梦想。邓稼先、于敏等"两弹"元勋，隐姓埋名数十载，置身于西北漫天黄沙中，随着戈壁上一声巨响，他们知道，一切默默努力都是值得的。神舟十五号任务乘组的航天员邓清明作为曾经的替补人员，多次与飞上太空的机会失之交臂，而他无怨无悔，继续高强度训练，耐得住寂寞，守得住初心，最终实现了他夙夜以求的航天梦想，点燃了人生之"热"。这些曾经鲜为人知的故事，如今已成为妇孺皆知的美谈。他们是为了追求自身之"热"而奋斗吗？显然，他们曾经身处人生的寒冬。星星之火，可以燎原。是心怀祖国、心系人民、对民族伟大复兴事业的忠诚始终不渝，给了他们极大的精神支撑，让他们熬过寒冬，真正地发光发热。

　　"冷""热"变迁，当我们重新审视社会，审视人生，会发现在真正的发光发热前，一定会有寒冷的考验。只有那些耐得住考验的人，才能真正燃烧得热烈。对于哗众取宠、招摇撞骗地盲目追求"热"的前车之鉴，我们不能不从中吸取教训。而科学家前辈孜孜以求，在艰苦的时代中砥砺前行，他们为重燃国家希望之火而建立的丰功伟绩，我们更不能忘记。他们像一盏盏灯火，指引前进的方向，时刻提醒我们见贤思齐。如今，世界正处于百年未有之大变局中，我们定不能因功名而浮躁，而应不急于求成，不急功近利，沉下心来，潜心钻研，审时度势。

历史的车轮滚滚向前，踏实奋进永远是青年一代的主题。坐得"冷"板凳，点燃"热"人生，为燃起中国梦而努力奋斗！

文 心 闪 耀

第二稿主旨明确，强调在人生的"冷""热"交替中，我们应该选择坐"冷"板凳，通过默默耕耘和不懈努力，最终点燃"热"人生。这一主旨贯串全文，开篇即在思维层面理清全文脉络，在逻辑层面搭建全文框架，展现了作者清晰的写作思路。第二段呼应第一段，以段首句总领下文、展开论述，符合全文思路框架，逻辑清晰，表达准确。第三段和第四段通过"冷""热"对比、"冷""热"变迁的叙述，深化了文章主题，总结前文。最后一段以主题升华收束全文，注重逻辑、用词的清晰与准确。在文字表达上，第二稿整体上语句通顺自然，用词准确、生动，能够很好地传达作者的思想。

📋 规律总结

1. 思路清晰，思维指导语言

在写作文之前，我们要根据作文题目的要求，选择中心论点，以及论述时使用的语言风格。

中心论点的选择直接决定了文章是否符合题意，决定了行文的大方向是否正确，在下笔之前我们就要做到心中有数。首先，需要准确审题，内心对论点要表达的意思清晰明了。其次，需要表达到位，对于内心的感觉以及想法，能够用标准、通顺的词句进行书面表达。最后，选择的表达结构应易于分层次论述。有些句子中心意思相同，但句子结构不同，相对应的下文的论述方式也不一样。只有找到自己能够驾驭的语言表达风格，才能够写得自然流畅，下笔如有神，避免矫揉造作。只有选择适合文章主题的表达风格，才能够写得恰如其分，令读者动容。

2. 理清框架，行文层次分明

论点确定之后，我们要根据中心论点梳理文章的框架，基本明确掌握的材料、论述层次、论证方法、论据如何取舍。

论点、论据、论证是议论文的三要素，在下笔之前，心里要清晰地知道如何围绕论点展开论述。动笔写作前认真思考、缜密构思是顺利写作的前提。在梳理全文逻辑前，首先要明确作文题中隐藏的逻辑，不论是什么类型的作文题，命题人的考查意图都隐含在题目及所给的材料之中。写作的过程就是把命题意图通过自己言说的方式呈现出来的过程。

有一种情况需要注意：议论文"写作模板"中惯常使用的是"三段论"式的论证方式，看似层次分明，但是对于论点与分论点之间、分论点与分论点之间，以及论点、分论点与论据之间的逻辑关系并没有具体要求，往往将分层次转化为僵硬的分段，流于形式，这种模式是僵化、单一的，并不能演绎出文章的逻辑魅力。真正逻辑层面的清晰，是在写作前，头脑中有一条清晰的线索连接着论点、分论点、论据和演绎推理的方法这一条线连着文章的各个部分，使得外化的语言表达一直"行走"在线索的"轨道"之上，呈现出表达逻辑清晰、语言通顺自然的面貌，这就是逻辑层面的意在笔先。

3. 清晰准确，语句通顺自然

　　宏观方面，做好文章的谋篇布局；微观方面，如何行文决定了说理的效果和作品的质量。文采斐然的文章固然是令人欣赏的，但我们也不必过度追求文采，毕竟质朴自然也是一种美。好文章的表达清晰准确、通顺自然、行云流水，在读者的心中留下思考的印记。文如其人，文无第一，符合自我风格、符合题目要求的文字表达就是最得当的。

本讲精要 ✏️

文如其人，要做到文章的清晰通顺，首先要做到内心思路的清晰通顺，摆脱"高分套路""作文模板"的影响，真正做到我手写我心。具体来说，文章的清晰通顺有三个层次：

1.清明——文字表达得通顺

意在笔先，作者内心对所表达的文字明白晓畅、清晰通透，落笔后的文字才能框架明白、逻辑清晰、语句通顺、用词准确。

2.清澈——文字表达得通达

为文如为人，内心清澈自然、不作势、不扭捏、不逢迎，文采才能展现，文章才能如潺潺流水，娓娓道来。

3.清透——文字表达得真实

真实不造作的文字明了又酣畅，让人读罢若有所悟，由此及彼，由人及己，触类旁通。

把观点说明白，把话讲清楚，做到"意在笔先，清晰通顺"，看似一个简单的问题，其实涉及复杂的逻辑思维和实际落笔的过程。我们要做到心中有模板但又能跳出模板，我手写我心。

台阶19

生命在场，以议论文语言的感染力达成共情

以亲历者视角写出富有感染力的语言

名师指导

○ 回归价值，让语言于物我平衡中动人

○ 自我镜照，让语言于向内观照时动人

○ 适度停摆，让语言于叩问心声处动人

○ 生动鲜明，让你、我、他于纸面上真实相见

扫二维码
听名师讲解

📝 写作困境

鞭辟入里、以情动人，有生命的文字赋予人感同身受、如临其境的力量。而当议论文的语言缺乏感染力时，读者与文章便始终有一纸之隔，难以真正融入其中——而这正是很多同学在议论文写作中面临的困境。造成这一困境的原因大致如下：

1. 作者与文本的隔膜：语言表达与生活阅历之间有距离

写作是对现实素材的艺术化加工，具备艺术色彩的文章往往源于生活、高于生活。而同学们生活阅历有限，若对自我情感少有体验，对他人的心路历程缺少共情的能力，则难以调动自我的生活经验，难以让语言生动表达文章的主题。作者"自我"缺位，会导致难以架构生活体验与写作之间的桥梁，作者本人成为文章的"旁观者"，以转述的视角来"讲他人的故事"，而非"讲自己的故事"。此为议论文语言表达欠缺生动形象之美的首要原因。

2. 作者与读者的隔膜：欠缺让语言"灵动"起来的运笔技巧

如果我们对生活体验有所感知，自身情感丰富，思想独到，但在语言设计上存在不足，就会感到"只可意会，不可言传"。部分同学在议论文写作中存在的问题就是"心里所想"和"笔下所写"有出入。虽然作者自认"胸中有丘壑""此中有真意"，但贫乏的语言难以准确传递内心的真情实感。笔力不到，难以让读者同频共振，议论文缺乏感染人的语言力量。

🎯 核心指要

1. 调节物我天平，让人物亲历，实现人物"生命在场"

为实现议论文语言的生动形象之美，我们要从视角转换中寻找契机。作者以文字为载体，邀请读者展开心灵的沟通与精神的碰撞。从作者到文章，再从文章到读者，经过两次"交接"，读者是与议论文语言相遇的"第三人"。读者带着已有的价值观阅读作品，还会将自己代入作品中。作者需要通过语言视角的调整，让论据中的人物跃然纸上，实现人物在文本中的"生命在场"，从而引发读者的共情。

例如，在使用人物素材时，以人物为第一视角展开论述，从"他如何……"转变为"我如何……"。不必担心这样的视角转变会让读者失去代入感，更不用担心读者代入后与人物的选择不同——体会到不同也说明读者有所感——只有允许"英雄所见不同"，才能实现人物在纸面上的真实"在场"。当论据中的正面人物变得鲜活真实时，读者才能理解其崇高的立意并非被盲目拔高。

2. 规避转述失真，让作者亲历，实现作者"生命在场"

议论文语言的生动形象是为了更恰切地传达文章的思想与情感。议论文的叙述、议论不能脱离作者与文章人、事、物相遇的"第一现场"。如果作者把自己的职责定义为旁白与解说，以旁观者、转述者的身份在文章中出现，那么语言无论如何精巧华丽，也难免因转述者身份而失真。作者不可能亲身经历笔下人物的人生，但在写文章的过程中，作者要以人物的形象、身份在纸面上真实地现身。

例如，在议论文《换一种方式远行》中，作者运用质朴、真诚的语言描写了考场上奋笔疾书的场景：

我身处之地，青山重叠，绿水环绕，仿佛与世外喧嚣隔离，俨然一片世外桃源。可这也无疑是一种禁锢。远方的繁荣、绚烂，像是一个耀眼的梦。可又有多少人，可以任性地"来一场说走就走的旅行"？你听，考场上纸笔相磨的沙沙声。你看，每个人眼中镇静又严谨的目光。是啊，我们正在用这种方式，让自己走出这座小城，走向美好的远方。如果繁杂迷了你的眼，冗长囚禁你的身，不妨换一种方式远行，只因心灵已飘然而去。

选段中，作者亲历"议论文现场"，写出了生动形象的议论文语言。我们要通过文章语言让自己在作品真实地出现，设计第一视角的情境，使议论文的语言更加富有真实、震撼的感染力。

3. 善用停摆机制，让读者亲历，实现读者"生命在场"

语言的停摆指文章中必要的留白与静默。有感染力的议论文语言是能给予读者更多真实感、更多自我镜照空间的语言。生动的语言并不等同于"用力"的语言，过分雕琢的文字难免有"匠气"，用力过度的语言难免激进飘忽。恰当地使用转折段、过渡段，或以单句成段、短句结尾的形式为文章踩下"刹车"，于静默处给人"唯见江心秋月白"的内心观照的可能性。停摆是对语言情绪的合理尊重，是塑造语言真实感的重要方法。一篇文章的篇幅有限，我们也不能为求详尽而盲目开启"倍速"。语言的适度停摆可以创设"此时无声胜有声"的情感共振力。正如"近乡情更怯，不敢问来人"，克制的语言在恰切的时机出现，更能激发读者的"生命在场"感，写出生动形象、富有感染力的语言。

典型案例

（一）作文第一稿

吾与子所共适

肖子禾

人生一世，草木一秋。古往今来，无数文人墨客思索过自己的痕迹，"渺沧海之一粟""羡长江之无穷"；科技星空里，科学家们推演着生存的定律法则。历史长河浩荡，时代快速发展，熙熙攘攘间，我也曾担忧自己渺小的一生了无痕迹，但中华文化中传承已久的善意与关怀，这份共同享用的温暖，就是我存在过的证明与痕迹。

　　这是一个日新月异、正在大跨步发展的时代，但在这个时代里，我们能看到最原始的善意与关怀，人们凭借爱而存在。待人以德，这是来自中国人骨子里的温良。在某年春运期间，有这么一个新闻引起了热议：暴风雪过后的一场冻雨，让回家的车辆堵在了高速公路上，旅客们被迫滞留在途中，还面临着食物不足的困境。这时，沿路的村民自发行动起来，一趟趟地为旅客们运送物资：热气腾腾的水、热气腾腾的饭……因为这些村民的善意，这条冰雪之路又满溢温暖。人们的初心回归到最本源的守望相助，严寒的冬天呈现出一幕幕其乐融融的景象，这正是所有人对自己骨子里的善意与关怀坚守的结果。

　　人心温暖存在于这个科技发展的时代，更是处处有所体现。吴孟超院士去世后，人们利用AI（人工智能）技术创造了一场"见面"。AI合成的吴孟超院士与学生对话，与同事对话，关心自己放不下的科学事业。斯人已去，但科技的发展赠予生者以关怀与释怀。用声音传递色彩，用聆听感知艺术，我国首个以高校师生为志愿者的无障碍电影公益项目，为视障人群带去了关爱，架设起一条真正的心灵盲道。中国人的善意与关怀长久地存在于血脉中，目的是让他人有一个更好的明天。

人的存在不止在生活中，更在博大的家国情怀里。为营救受伤战友、捍卫祖国领土，十九岁的陈祥榕未曾有一秒顾惜自己的生命，忘却小家，保卫祖国，这是一份舍小家为大家的大善，是对万千百姓的关怀。他离去了，但每一处人间烟火都是他存在的痕迹。

如今我们站在中华民族伟大复兴的征程上，更要对自己有所要求，通过善意与关怀，证明自己存在的痕迹。大家共同向崭新的明天迈进，让我们共筑梦想，唱响时代之音！

问题评析

1.议论文语言对论据人物的虚高设想

这篇习作出现部分议论文在语言层面存在的共同问题，即论据的"假性生动"。为了让文章更加真实可感，在语言上加以"美化升华"，辞藻华丽但有失真实感。例如此文在叙述、评议论据时，通过细节化的描写再现了人物在当下坚定选择的场景，却忽略了人性本身可能真实存在的权衡。文章不应为写而写，为生动而生动。议论文的语言应为真实的人物在场而服务。

2.青年之"我"的语言缺位

这篇习作通篇论说他人之事，虽然在文章结尾处有当代青年与主题的联系，但语言的陡然拔高导致情感表达生硬，过于突兀，失其生动。作者以宏观群体中的一员微小个体存在，但作为执笔人的自我却过度隐身；笔调激昂，站位颇高，但语言难以动人，给人以"空中楼阁"之感，暴露作者之"我"缺位的问题。

3.语言开启"倍速"

这篇习作运笔节奏紧凑，逐步升温，貌似有一气呵成的效果。但议论文语言的生动形象，是要让读者用心感受、品味，而非用语言节奏的逼迫令人无暇静思。例如"他离去了，但每一处人间烟火都是他存在的痕迹。如今我们站在中华民族伟大复兴的征程上……唱响时代之音！"这一部分，从陈祥榕一例到当代青年应当如何自处的论述过渡快速而生硬，语言带给人猛冲之感，更有为拔高而拔高之嫌。此处可删改为短句进行过渡，给予读者更多的共情空间。

"曲终收拨当心画，四弦一声如裂帛"，相比于一路直冲的快节奏，议论文运笔一收一放，给读者思考、静默的空间尤为重要。以"东船西舫悄无言"赋予议论文感染人心的共振力，需要在语言层面加以"延迟化"处理。

提升建议

1.调节物我平衡，让人物真实"发声"

文章是作者世界观、人生观、价值观的第一反映现场，作者让笔下人物如何存在，从何种角度来评功论过，实际都蕴含着作者对于外界的认知。长久以来，议论文写作存在一种偏颇的认知，即"高大上"论。品读历经时代淘洗传承至今的经典文学作品可知，打动人心的语言并非一定有很高的论调。人类本真的亲友之爱、孺慕之情，甚至是人对于自己生命的爱惜，都是值得尊重且可写的，不应抹杀人物在文本中作为"人"的存在。尊重每个个体与人性原始情感的羁绊，在经历抉择之后的舍生取义、舍己为人，才更是真实的、可贵的。平衡好物我价值观，是议论文语言富有情绪感染力，从而引发读者情感共振的重要前提。

2.议论文语言落脚在自我观照上

富有感染力的语言一定是有作者真实存在的文字。议论文谈生活之事，言时代之事。同学们作为社会大众中的一员、时代群体中的个体，应当在文章之中体现自我真实存在的痕迹，将自己浸入文本中去思考，借助议论文完成一次完整的、有深度的自我镜照。这篇习作中存在"我辈青年"，但缺少青年之"我"，即缺少作者本人情绪在文章中的真实体现；若能在语言层面上以第一人称多加运笔，则更能使读者真实代入、产生共情。

3.语言适度停摆，给予读者思考空间

塑造议论文语言的感染力绝非辞藻上的"用力过猛"，而是通过语言的巧妙处理引起读者共情，使其真实地代入文章、代入作者。因此在议论文语言运笔中，我们可以尝试设计停摆的环节。例如，议论文中同样可以出现环境描写，借环境创设叙述、议论的"镜头一转"；使用单句成段甚至是单词成段的形式作为转折或过渡；语言烘托于段落结尾或文章结尾"戛然而止"，给读者留下静默空间。语言的适度停摆并非简单使用省略号来强行"截断"，它是通过语言的克制，给读者发现自我在场的广阔时空。语言节奏的收放如同文章情感的呼吸，因此这篇习作可以尝试语言的停摆，让节奏在特定的部分慢下来，在这瞬息的自我镜照中，给予读者向内观照的空间，使其实现与自己的对话。

（二）作文第二稿

吾与子所共适

肖子禾

逆旅天地间，远行客一人。在文人墨客的文字里，我可以是天地一蜉蝣、沧海一粟米；在自然科学的世界中，我可以抽象为质点，以人类基因库样本的身份而存在。我害怕自己的须臾岁月了无痕迹。为失味者做盐，为失心者做光，如此，便向天地宇宙间，求证自己存在的痕迹。

　　我不再埋头只顾走自己的路，而是去体察"他们"的存在，体察"我"的存在。时代日新月异，跨步向前，但这个科技变革的纪元绝不意味着铜墙铁壁的隔阂、泛着金属色泽的冷漠，而是在守望相助中，留下善意与温暖的痕迹。这种善意与温暖是冻雨封路期间村民们"搬家式救援"，他们自发地为高速公路上滞留的车辆送来物资，让风雪归家路成为温暖幸福年。消失的是风霜雨雪，留下的是温情存在的痕迹。

　　我开始观察花何时开，叶何时落，飞鸟在哪里停驻，云朵飘向何方。我共情于它们的逝去与新生，这种情感是与我内心的正向共鸣。AI合成一场吴孟超院士的告别礼，志愿者为视障人士创作无障碍电影……这些举动都是在看不见的世界里，创造看得见的光影。生命会轮回，我不能催促它的盛开，更无法挽留它的落幕。但在这微不足道的一生中，无尽的远方和无数的人都与我息息相关。在此刻，我们共振着相似的旋律，关怀着这个与我命运相连的世界。

　　风华正茂的青年，怎能没有对生命的渴望；十八九岁的少年，怎能没有对"家人闲坐、灯火可亲"的珍重。

但那一刻，陈祥榕张开的双臂、守护的土地，验证了只为祖国的承诺。气息已然无声，却道尽对家国的温情缱绻，于铿锵誓言中，浩气长存。

生动、明亮的是我——温热的身躯，诉说着我的存在。

缥缈、无形的是我——清澈的灵魂，证明着我的痕迹。

生命的尽头，并不能成为"我"的终点，"我"的灵魂会挣脱时光的桎梏。清风之在，即"我"在。看万家灯火辉煌，望人间草木青葱，念芸芸众生悲欢喜乐，体察自己之外的命运。山河辽远，生而辽阔，在时间与空间的坐标系中，星星点点的光热，都述说着关于"我"存在的痕迹。

文 心 闪 耀

本文从亲历者视角着笔，为议论文语言赋予生动形象的美感；论据看似论他人之事，实则在探询当代青年对于时代中"我"的责任与担当，思考自身存在的价值。

　　本文减少了过度的人物心理渲染，尊重正面人物内心真实存在的"羁绊"。例如陈祥榕一例中点明青年对于生命与亲情的珍重，以一家之灯火可亲，换万家灯火长明。同样的事例，同样的选择，但不一样的表述语言，让修改后的文章传达出更为平衡恰切的物我观，让人物更加真实地存在于文章当中，让读者更易于文字中共情。语言便不复有矫揉造作之感。

　　修改后的文章语言气息是生动而自然的，运用单句成段的形式，减缓了原文过快的语言节奏。两个单句段落，既是以第一人称的视角评议论据人物，更是作者本身的"自叙"，自然、流畅地衔接到文章结尾，是在情绪最高点的精准收束。作者在一收一放中引读者凝神遐思，让读者在文本中真实存在。

　　修改后的文章化用经典篇目的语句，为文章语言增添了一份诗意的生动。嵌入名家的经典语句，为文章语言赋予了一份与先哲共发声的"共振力"。修改后的文章不是对论据的堆砌，而是在夹叙夹议的过程里，以"我"的视角贯串始终，在语言层面实现与人物的对话，以第一人称的形式让读者真实代入。

📋 规律总结

1. 溯源经典，以人物身份亲历

教材中的文章内容丰富，语言风格多样，是同学们学习运笔的重要渠道。这些文章的语言生动的出发点在于对人最本真情感的尊重。如《陈情表》一文在表忠心之余，更是将祖孙二人的亲情表露得真诚深切，令人共情于李密在忠孝之间的内心纠葛。再如《与妻书》中林觉民对妻子的缱绻之情切切，但正因这份真挚刻骨的爱情，让自己拥有勇于就义的勇气；这份爱太过于美好，美好到林觉民愿意牺牲自我，成全天下之人，让人人都能在一个和平幸福的时代拥有这份爱。此时家国抉择不再单薄，是对小爱的肯定、对大爱的追求。同学们要善用课内资源，有的放矢地学习生动形象的语言，实现议论文语言的生动形象之美，契合"修辞立其诚"的写作理念。

2. 审视生活，以作者身份亲历

对外审视世界，对内审视自我。写作，是同学们传递对生活的认知和态度的渠道，是同学们自我镜照的通道，语言是传达这份认知的媒介。我们很难在有限人生里活出多个角色，但是能以生动形象的语言去"亲历"多种多样的人生。生动形象的语言需要从真实的生活中汲取养分，进而过渡、融合、升华……最终实现精神价值层面的共通。

3. 回归自我，以读者身份亲历

当作者不是旁观者与转述者，而是真实的生命在场者时，文章才能实现真正意义上的"格局打开"，进而让读者浸入文本，展开一场人与人之间的对话。

同学们应真实地与文本人物共情，以亲历者的身份代入文章之后，调整语言天平，将语言塑造的真实存在感拉到最大，使作者、读者、人物处于同一情境之中。写作是与自我的对话，是借助语言和读者、人物的对话，读者自我的存在是语言富有感染力的重要目标。

本讲精要 ✏️

　　对情感的共鸣、对事件的态度是我们写作的基础，但怎样通过语言这一载体，生动形象地表达，做到"修辞立其诚"，是一篇优秀议论文应考虑的问题。

　　生动形象的语言绝非华丽辞藻的堆砌，阳春白雪可动人，下里巴人亦可动人。议论文体现着当代青年对于生活、时代的认知与担当，语言的生动是要让人物随语言呼吸，在文本中真实存在。

　　1.回归价值，让语言于物我平衡中动人

　　追求语言的生动真实，要打破过度拔高的怪圈。议论文的论据常选用熠熠生辉的人物事例，在写作时，作者往往忽略论据人物作为人本身的寻常一面，在文章中情感迸射，大唱高调。盲目拔高让语言浮于浅层，给人"文胜于质"之感。因此，语言的生动首先要出发于对人的尊重。英雄亦是凡人之躯，只是英雄具有"知其不可而为之"的勇气，具有"虽千万人而吾往矣"的决绝。只有写出人之常情的可贵，文章才能显现舍己为人的崇高意义。如此有的放矢，平衡物我价值，方能让人物真实在场，使语言鲜活而富有感染力。

2.自我镜照，让语言于向内观照时动人

追求语言的生动真实，要打破自我认知的壁垒。借议论文探索自己对于世界的认知、对于时代的责任时，笔下的"青年"并非他人，是你我，是千千万万个真实存在的个体。议论文不是简单的新闻评论，而是对自我内心的审视。作者在文章中可以大胆表达"我"的思考与观点，以转换人称的形式尽情对话，让自我灵动地出现在纸面之上，借语言的感染力，彰显自我的存在。

3.设置停摆，让语言于叩问心声处生动

塑造语言的感染力，要走出"字海战术"的误区。借议论文表达自己的观点，是一场情理兼备的循循善诱，而非一场刀枪剑戟的锋利驳论，因此议论文语言的生动要收放有度，组织恰当的语言节奏，而非一味猛进。我们要于静默处给予读者回味思考的空间，让文章有隽永之感，借语言的感染之力，于文本之中突显读者的存在。

此中有真意，欲辨"须有言"。生动鲜明、富有感染力的语言可以打破维度的限制，跨越时空的鸿沟，让你、我、他于纸面上真实相见。

台阶20

蓬勃少年气峥嵘，万斛泉源势无穷

如何使议论文富有气势

名师指导

○ 养浩然之气，塑强大自我

○ 蓄情理之势，拓眼界格局

○ 研章句之法，重修辞运用

扫二维码
听名师讲解

✏️ 写作困境

一篇优秀的议论文，读起来应是令人畅快淋漓、拍案叫绝的——或因深刻新颖的观点，或因严谨细密的结构，或因鞭辟入里的分析，或因飞扬灵动的语言。而今日中学生之议论文，多论证无力，缺乏气势，多是拼凑之作。有些看上去很有气势的议论文，读下来却发现是虚张声势或装腔作势。这样的文章只是在修辞上雕琢，技巧大于内容，口号大于思考，空洞无物，总有一种板起面孔教育人的矫揉造作之感，而非真诚说理。

造成这种写作困境的原因主要有三点：一是缺乏内在生命体验，没有构建出有强大精神力量的自我；二是缺乏开阔的眼界与格局，没有把握到时代和社会跳动的脉搏；三是只注重应试技巧与捷径，舍本逐末，未学精髓。好文章应是由内而外的精神活动，但由于创作主体内在空虚封闭，不能与自我、他人及世界产生深度连接，写出来的文章自然绵软无力。

中国古人十分注重文气。曹丕《典论·论文》中有言："文以气为主。"韩愈说："气，水也；言，浮物也。水大而物之浮者大小毕浮。气之与言犹是也，气盛则言之短长与声之高下者皆宜。"这里的"气盛"就是指作者内在的强大精神力量和崇高境界。议论文的气势，一在内，即作者的个性气质和精神力量；二在外，即文章的语言魅力和结构层次。其中，内在气势是最重要的。文章有气势，语言自生光，是好的语言主动来找你，而不是你搜肠刮肚想辞藻。

🎯 核心指要

　　如何能改变文章无力的困境，使议论文富有气势呢？关键在于养气、蓄势、研法。养气，重在构建有强大精神力量的自我。蓄势，重在蓄理势和蓄情势。研法，重在结构和语言。由此，气由内而外自然喷发，势不可挡。

1. 养浩然之气，塑强大自我

　　宋濂在《文原》中说："为文必在养气。气与天地同，苟能充之，则可配序三灵，管摄万汇。不然，则一介之小夫尔。"凡是把文章写得气贯长虹、气吞山河、气冲霄汉的，皆是胸怀大志、情感充沛之人。正如孟子所言："我善养吾浩然之气。"这"至大至刚"的浩然之气，是作品的灵魂所在。气随神转，只有拥有强大的精神力量，拥有让思想情感自由流动的力量，才能壮文章之气势。

　　一篇规范的议论文要有论点、论据和论证，而一篇优秀的议论文则要具备思想的深度、内容的广度、站位的高度和论证的力度，要能让人在文中看见一个"真实的大我"。这个"大我"不是面对考试题目时突然立起的人设，不是生硬的包装，而是真情实感的流露，是自我的彰显。正如司马迁的"发愤著书"、韩愈的"不平则鸣"、欧阳修的"穷而后工"，是不吐不快的情思涌动，是浓墨重彩的生命体验。

如何能形成"真实的大我"呢？一是向经典学习。这主要指学习古今中外优秀的议论文，以学"意"为主、学"技"为辅。要辨气识人，识别每篇文章背后那个拥有高远境界和高尚人格的人，以此注入自己的生命，形成磅礴的力量。如读《孟子·梁惠王上》，我们应被以王道仁政和民本思想为思想核心的孟子打动，理解"保民而王"思想的价值。如读贾谊的《过秦论》——清人章学诚赞此文"气如河海"——我们应在"仁义不施而攻守之势异也"这一观点的铺陈中，体会其对"旷日长久，而社稷安矣"的期待。当目光聚焦在作者的人格上时，方能理解论点从何处来，潜移默化中，我们的精神境界会不断提升，在写作诸如"新时代与新青年""志气与争气"这样的话题时，就不仅有素材，更有榜样，不会显得文章面目模糊。

二是向生活探寻。同学们要能体悟生活，对身边的人和事细致观察，用心记录点滴感受和思考。比如北京市西城区2022年高三期末考试作文题"也说'在途中'"，材料中说："无论人类、国家、社会，还是学校、家庭、个人，我们总是在途中。"题干中又提及"联系现实生活"。这里的"途中"指的是国家、社会、学校、家庭发展的过程中，从个人来说，考生如果能从青年成长、追求理想、高考拼搏、班级付出、强国有我等方面思考，将自己成长中的最真实的感悟呈现出来，就能写出佳作。

在经典作品中，汲取精神力量；在生活烟火中，体验丰富生命。如此养就浩然之气，成就强大自我，方能意奋笔纵。

2. 蓄情理之势，拓眼界格局

文章如水，是静水流深，还是一泻千里，取决于地形地势。站位高，势能就足，动力就强，文章就会有气势。那如何才能站位高、格局大呢？这就要求我们能站在时代的潮头眺望，要对脚下的土地有了解，对无尽的远方和人有关怀。

凡有气势之文，其内容皆广阔深远，充分表达了对现实的关注。明末清初散文家魏禧认为，文章若"事理不足关系天下国家之故，则虽有奇文"，也"亦可无作"。读其文，应如见其人，应如处其时。纵观近些年的高考作文题，"关注时代"已成趋势，讨论"时代与个人"的关系已成焦点，这就需要我们站在时代的大变局中，成为局中人。

一方面，蓄理之势。用理、据充实全篇，彰显思辨力。魏禧认为，"人生平耳目所见闻，身所经历，莫不有其所以然之理"，这"理"的获得，需要"深思而谨识之，酝酿蓄积"。因此，同学们要能对身边的人和事有观察和探究的意识，学会透过现象看本质，形成理性思考的习惯。

另一方面，蓄情之势。将情感脉络贯串全文，彰显生命力。朱光潜在《漫谈说理文》中称："如果对它（道理）有深厚的情感，就会兴致淋漓，全神贯注，思致风发，新的意思就会源源不断地涌现出来。"考场题目有限制，可能不是当时当刻最想表达的。这就需要我们平时多积累相关话题，调动自身情感，激发评论欲望。

"时评写作"是蓄情理之势的重要途径。时事是最真实、最鲜活且最具情境性的材料。时评文关注当下，聚焦热点，其立意具备高考作文所需要的深刻与大气。因此，我们可学习和借鉴优秀时评文，并迁移到自己的写作中，进而提升思辨能力。如"论生逢其时"这一题目，要求从主观出发，看待个人发展与客观环境的关系。考生要拓宽眼界格局，站在高点来看。时评中有很多阐述个人与时代关系的文章，平日有此积累，在考场中便会文思泉涌且有创见。

3. 研章句之法，重修辞运用

有气势的议论文，还要在章法结构上花心思，修辞和语言要具有感染力。因此，我们要研究文章遣词造句和谋篇布局的方法。

结构上要逻辑严谨、起伏开合、灵动多变。很多同学习惯用三段论来营造气势，文章写出来缺乏浑然天成之感。其实，议论文的结构就是思维框架，展现出逻辑的力量。最常见的结构是"是什么—为什么—怎么做"，核心在于阐述为什么。紧紧围绕中心论点设置分论点，在逻辑严谨的基础上，通过正反对比、层层递进、沟通古今、联系现实等方式，让文章似长风出谷，如霆如电。

要巧妙运用修辞。很多同学以为用了排比就自然有气势，但无效的排比就是无力。要在分析和聚焦的思维下进行系统表达、集中阐释。议论文中常见的修辞手法有对比、排比、反问、设问、比喻、反复和反语。其中，对比能抓住矛盾的张力，排比能形成奔腾呼啸的力量，反问和设问能引人深思。我们要在一个文段中综合运用以上修辞，积极调遣字词章句。例如，鲁迅的《拿来主义》为了批判对待文化遗产的三种错误态度，用鱼翅比喻文化遗产中的精华，用鸦片比喻糟粕，还用了排比和反语等手法。

语言上要概括凝练、整散结合、抑扬顿挫。文贵辞达，要让每个词处在恰如其分的位置上，极力追求用词的贴切和严谨，精准地表达。在此基础上，追求形象性和哲理化，如某篇优秀作文开头第一句："中国历史的一半骑在马背上，可惜人们往往只看到另一半。"此外，还要用灵活多变的句式来丰富内容，整齐和错落结合，变化统一地阐述和分析，形成词句关系的连贯性、层次性、逻辑性与系统性。例如，梁启超的《少年中国说》强调少年对建设未来中国的重要作用，句式也由短到长、由简到繁，在抑扬顿挫的语气间表达殷殷期盼。

🔍 典型案例

（一）作文第一稿

你和你站立的地方

高子寒

2022年北京冬奥会上，一群来自河北山区的孩子在全世界的面前唱响《奥林匹克圣歌》。他们来自山区，可此时却站立于城市的聚光灯下。由此可见，我们站立的地方并非一成不变，它会随着你的变化而变化。唯有以正确的心态对待你所站立的地方，才能更好地实现人生价值，助力祖国发展。

即使人生的起点不尽如人意，但我们只要保持积极发展的眼光和努力奋斗的习惯，也能改变命运。宋濂生于穷苦人家，整日面对着破屋漏壁，他穿越风雪拜师，笔耕不辍，最终站立朝堂；苏轼被一贬再贬，来到荒蛮之地，他没有自暴自弃，而是开垦东坡，对话山水，最终超越自我；云南省坪子村的张顺东、李国秀夫妇身残志坚，他们没有放弃，不断地通过自身奋斗发家致富，成为村里第一批脱贫户。人不能选择自己的起点，但可以通过持之以恒的向上拼搏，决定自己的终点。因此，立足于所处之地，要学会向上攀登，积极奋斗，这样才有可能改变人生的起点，让你的人生从此与众不同。

此外，我们也可以"向下站立"，助他人一臂之力。正如改变山区孩子们命运的，不只有他们自己，还有站立在城市的老师。而冬奥组委会的工作人员正是看到了远方大山中一双双清澈的眼睛，才能让全世界聆听这最动人的天籁之音。

你站立的地方也同样塑造了你自己，为你提供了宽阔的舞台。21世纪的中国，早已不是当初那个满目疮痍、贫弱不堪的国家了，如今的我们国富民强，科技发展如日中天，在世界的舞台上闪闪发光。我们的祖国为我们的生活与发展提供了更加良好的物质条件与更加广阔的平台，引领着个人发展。无论是17岁的中国小将苏翊鸣一战成名，成为冬奥会历史上单板滑雪大跳台项目最年轻的冠军，还是31岁老将徐梦桃凭借完美一跳在自由式滑雪项目中摘得桂冠，都在说明：他们的成功不仅是个人实力的展现，更是中国力量的彰显。无数的成功背后是国家的日益强盛，也正因如此，我们才能更好地实现个人价值，站在更加闪耀的舞台之上。

新时代的我们立足于百年未有之大变局，更应当从自身所站立之处出发，不断完善提高自己的站位，砥砺奋进，为推动中华民族伟大复兴而奋斗！

问 题 评 析

　　这是一篇典型的关系类作文，应描述并辨析"人与站位"之间的关系。在阐述关系时，要注意双向而行：一方面，分析人对站位的作用，即用什么价值观来选择自己的站位；另一方面，分析站位对人的影响，即不同的位置会带来不同的人生。写作时，我们要能聚焦二者关系，进行深入分析。本文整体来看中规中矩，核心问题就是缺乏气势，力量不足。文中虽然有排比、有时代，但依旧缺乏感染力。

　　本文气势不足体现在以下四点：

　　（1）中心论点不够有力。文章开头没有对"你和你站立的地方"二者间的关系做整体定位和概括，正文只是分成了"唯有以正确的心态对待你所站立的地方"和"你站立的地方也同样塑造了你自己"这两部分，"以正确的心态"这一点更侧重于个人怎么做，而不是对关系进行有力阐述。

　　（2）结构层次较为单一。文章整体是并列式的，段落较为孤立，彼此没有形成有机的联系，逻辑推进不太流畅，未能形成螺旋上升的结构，思维力度就显得弱。如"我们也可以'向下站立'，助他人一臂之力"这一段，呈现得较为突兀，看不出和前后段的联系，如进行思维加工，这一段会是亮点。另外，文中的正反对比和联系现实部分可以再加强，通过多种方式来使文章面貌一新。

（3）论述分析较为简单。一是缺少核心概念解释，如"站立""地方"等；二是事例分析较单薄。文中大量运用排比、举例等方法使内容充实，但对事例的分析缺乏情感力量和思维深度。比如第二段举宋濂、苏轼及张顺东、李国秀夫妇的例子，是为了说明他们用"正确的心态"来改变人生起点，但由此说明了个体与站位之间怎样的关系呢？例子中哪些地方能说明这一点，应紧扣"站位"来分析。

（4）语言修辞较为平淡。文章的修辞运用较少，语言的概括力不够，在形象化和哲理化上还需加强，争取达到自造金句的目的。

提升建议

1.汲取经典和生活之精华，彰显强大自我

本文的关键在于如何深刻理解"人"与"站位"的关系。要做好这一点，不是要在规定时间内绞尽脑汁想素材，而是要对题目有自己的思考，思考力求深刻新颖。一方面，可以向经典学习，汲取精神力量。翻开课本，想一想其中有哪些人，他们站在怎样的位置上，实现了怎样的人生价值。要走进人物内心深处，立体化地构建其生命历程，真实地去感受。例如：翻开《论语》，想想孔子原本站立于乱世之渊，而后站立于杏坛之上，最终站在中华文化之源；翻开《离骚》，想想屈原原本站立于朝堂之上，而后站立于汨罗江畔，最终站在士人的精神家园；翻开杜甫的诗集，想想杜甫原本站立于苦寒之地，而后站立于人民之中，最终站立于中国诗歌之巅……据此想想本文所举的宋濂、苏轼等人，明晰站位，探究成因，关系自明。

另一方面，可以向生活探寻。结合自己或他人的事迹，想想人对站位会有怎样的作用。做好充足思考，再提炼内涵，对题目就会有更深的认识。比如题目中的

"你"，可以指某个个体，也可指某个群体；"地方"，可以是具体的物理空间，也可以是抽象的精神空间。因此，"站立"既是实指，也是虚指。

2.蓄积情感和思辨之力量，拓展眼界格局

本题目的选材范围甚广：从国家维度，如历史国情、民众基础、世界格局、时代洪流等；从个人维度，如物质条件、认知领域、工作岗位、身心归属等；从事物维度，如成长前提、成功基础、发展依托等。要能结合时代和个人，打开视角，站在高处。一方面，蓄理之势。本文的思维结构可改为层进式。第三段中的"向下站立"实则比"向上站立"更难，尤其是好不容易从低处走到高处的人，再向低处站立，是需要更高的境界方能达到的。由此，"向上站立"和"向下站立"就非并列，而是递进。第四段依然可以在此基础上继续推进一步：从国家发展和时代变化的角度，论述"站立的地方对个人的影响"。另一方面，蓄情之势。在对第二段和第三段进行改进时，要充分投入真感受、真思考，不要纯罗列事例和喊口号。要让人在第二段中感受到你对这些不懈努力的榜样人物的崇敬之感。第三段要在对时事充分关注的基础上展现出磅礴气势，要让人感受到你对祖国赤诚的热爱和期盼。

3.打磨修辞和语言之亮度，增强文章光彩

修改完前面的内容后，便可对语言、修辞进行完善，力求每段都有出彩的语句。可以运用比喻、对比、排比等方式论述。语言上，在进行分析时，多一些概括性强的句子。如中心论点"你决定了你站立的地方，你站立的地方也影响了你"。如第三段"我们也可以'向下站立'，助他人一臂之力"，不妨改为"'向上站立'会带来辉煌，但'向下站立'才是考验，这需要更高的境界"。

（二）作文第二稿

你和你站立的地方

高子寒

大山中的孩子不以大山为宿命，走向城市，站在全世界的面前唱响《奥林匹克圣歌》；北京的叔叔阿姨不囿于城市，走入大山，向孩子们发出最动人的邀约。"你"是独一无二的生命个体，"地方"是志向与实践的交汇处，"站立"是最昂扬的生命姿态。你决定了你站立的地方，而你站立的地方也为你赋能。

诚然，你无法选择起点，但你能决定你站立的地方。向上攀登，方能站立高处。原本站在朝堂之上的苏轼被一贬再贬，但站在赤壁之下的他在清风明月间寻到永恒的意义，最终站在了中华文化之巅。原本站立于贫弱中国的顾诵芬，秉承着"科技强了，国家才会强"的信念，日夜研读文献，研制出了歼-8，最终站在国家航空事业发展的潮头。正是因为他们心怀高远之志，坚持不懈地实践，超越自身局限，才让足下的土地熠熠生辉。反观那些身处僻壤穷乡便安于现状之人、身处锦绣繁华便肆意挥霍之人、身陷囹圄困苦便自暴自弃之人，这样的人的起点便是终点。唯有向上攀登，方得以凌云霄、行远舟。

站在高处会带来辉煌，但敢于站在低处才是更崇高的境界。改变那群山区孩子命运的，不只有他们自己，还有原本站立在大城市的老师和冬奥组委会的工作人员——是他们坚定地站到了小山村里，才使这些孩子能站立在世界舞台上。他们历经磨难才到达高处，又怎会走向低处，助他人站得更高更远呢？正如"燃灯校长"张桂梅献身教育守华坪，"大山女儿"黄文秀扎根基层奔小康，"银发奶奶"周秀芳扶贫支教助雁程……内心一隅的价值取向决定你所站立的位置。站在低处，在空间上更为渺小，但在精神上却彰显着富足与丰盈。"向上站立"是突破束缚的超越，"向下站立"是兼济天下的胸怀，是义无反顾的担当。这双重站位犹如奔腾的浪花，让时代在交替往复的助推中整体向前。

　　同样，你站立的地方也为你赋能。它为你提供动力源和展示台，为你提供坚实的保障和后盾。我们所有人都站在中国的广袤大地上。作为体育大国，我国成功举办冬奥盛典，助力中国健儿彰显"金龙入青云"之势；作为科技大国，我国坚持自主研发的核心战略，助力中华儿女实现"上九天揽月，下五洋捉鳖"之夙愿；作为教育强国，我国免费开放国家教育资源公共平台，助力莘莘学子铸就辉煌。你与你站立的地方并非孤立的点，而是同一张大网下的相互作用的面，相互融合，彼此成全。一个丰盈的生命与一片博大的土地相遇，就会成就一段传奇。

站立于心之所向处，站立于社会一隅，生命的远方兼具自我与苍生。作为新时代的新青年，立足百年未有之大变局，我们应从自身所站之处出发，站立高处以寻个人价值，站立低处以担社会责任，赓续精神血脉于山河远阔，谱写时代华章于天地苍茫！

文 心 闪 耀

经过引导，作文第二稿呈现出另一番样貌。相比于第一稿，第二稿最突出的优点就是气势足，具体表现如下：

1.论点有力立意深

文章开篇就对题目中的核心概念进行了独特的解读，并用简洁有力的语言对"人与站位"的关系做了概括；在阐述站位时，又分为"站在高处"与"站在低处"两个方面，关注到其背后不同的价值选择，并进行比较区分，立意深刻。

2.结构递进层次升

整体结构上有层层推进之感，各段落间形成有机的联系。第二段和第三段主要论证的是"你决定了你站立的地方"这一分论点，说明你脚下的位置因你而不同。但两段之间构成了递进的关系，第二段阐述了"向上攀登，方能站立高处"，第三段在此基础上指出"站在低处才是更崇高的境界"，特别是对原本通过不懈努力站于高处又转而站于低处的人，点出其难能可贵。第四段论证的是"你站立的地方也为你赋能"，虽看上去是并列的关系，但是从国家的角度来写，再进一步点明双向关系内涵（相互融合，彼此成全），就有深化之感。如此，思维更顺畅。

3.分析透彻例证丰

例证更充分，并能做到紧扣观点来分析。如分析苏轼和顾诵芬的站位时是从小到大，从实到虚，逐渐提升高度。而后从反面分析各种人，对比鲜明，结论自然得出。第三段以点带面，将张桂梅、黄文秀、周秀芳的站位一并展出，具有较强的说服力。

4.修辞恰切语言精

文中综合运用了排比、对比、比喻等修辞，使文章颇具文采。如"这双重站位犹如奔腾的浪花，让时代在交替往复的助推中整体向前"。又如体育大国、科技大国和教育强国的排比，让人感受到国家强大给个人带来的机遇，极具气势。再如"你与你站立的地方并非孤立的点，而是同一张大网下的相互作用的面，相互融合，彼此成全"，这样颇具哲理意味的话语，让文章更有厚度。

📄 规律总结

面对同一个主题、同一道作文题，依靠什么才能在同质化写作中脱颖而出，发出自己独特的声音呢？那就是思辨力。要能透过现象看本质，在全面分析中寻找差异，探明原因，从而更全面、更深刻地看问题。

朱熹说："行文要紧健，有气势，锋刃快利，忌软弱宽缓。"思维的力度能将作文进行恰到好处的剪裁，使文字和思想相匹配。如何才能提升思辨力，让文章气势充沛呢？那就要对思维进行训练，训练看问题的全面性和深刻性；对情感进行培养，培养对事物的敏感度和专注度。

1. 训练思维，训练看问题的全面性和深刻性

　　同学们拿到作文题时，总是陷入思维的怪圈，被题目牵着鼻子走。虽然材料就在眼前，但也只是盯着题目，不能读出材料的特别信息和隐藏信息。这就要通过分层阅读和层意概括，来提炼材料内核，在全面读懂的基础上，有选择、有侧重地利用材料。

2. 培养情感，培养对事物的敏感度和专注度

　　情感是否充沛不仅是衡量议论文有无气势的标志，更是衡量文章有无生命力的指标。作者如若没有对所举事例中的人的深入之了解、同情之理解、愤怒之批判等，便不能很好地沉淀思考。写作其实就是写自己，写自己的感受、生活、甘苦和灵魂，写自己的哪怕一点点小小的体会。因此，任何题目都不是限制，而是平台——一个可以展示真情实感的平台。

　　总而言之，要想让作文发生变化，就要由内而外地对文章进行改造；只有局部的修缮或字句的雕琢，是不能带来质的飞跃的。

本讲精要 ✏️

　　中学生正处在人格形成和思维发展的关键期，应在议论文中展现少年蓬勃的生命力。曾国藩教育后辈要在气势上用功时说："少年文字，总贵气象峥嵘，东坡所谓蓬蓬勃勃如釜上气。"苏轼说："吾文如万斛泉源，不择地皆可出，在平地滔滔汩汩，虽一日千里无难。"为文之要在气势，要有丹田之气，有充塞天地之气，有不可磨灭之气。因此，不能只是锤炼语言，更要锤炼思想，让整篇文章洋溢着生命的力量和青春的朝气。

　　有气势的文章自带声音和画面，有穿透力，正如皇甫湜赞韩愈之文："如长江大注，千里一道，冲飙激浪。"

　　1.自强不息，养出浩然气

　　文章的内核在于"我"，是小我还是大我，是本我还是超我，皆由你定。要用阅读来充实精神世界，用生活来增强生命体验，从而形成"真实的大我"。比如"你和你站立的地方"，何以凸显决定？就是要写出什么样的你造就了什么样的地方。以陶渊明为例，在他之前，田园并不是大家心之所向；但在他之后，田园成为众人的精神家园。在那个时代，官场才是最好的站位，可因其与本性相违，陶渊明毅然放弃，重新站在田园，拿起锄头，披星戴月，挥汗躬耕，琴书相伴。他用自己的坚守和勇气开辟了新的空间，突破了环境局限，寻找到自我的无穷力量，让田园具有了精神的高度，成为天性、自然的象征。

2.登高望远，蓄出自然势

我们要有开眼看世界的觉悟，要有国际化的视野，要有家国情怀，站在时代的高点，看向历史和未来，意识到"无穷的远方，无数的人们，都和我有关"（鲁迅语）。例如作文题"文明的韧性"中的导语："可以从中国的历史变迁、思想文化、语言文字、文学艺术、社会生活及中国人的品格等角度，谈谈你的思考。"又如作文题"学习今说"中的导语："可以从学习的目的、价值、内容、方法、途径、评价标准等方面，任选角度谈你的思考。"这些信息就要求我们一定要打开视角，进行多元化评价，多角度思考。

3.字斟句酌，研出浑然法

同样的意思，不同的表达，产生的效果大相径庭。在中心论点和分论点的表述上，力求严谨与生动兼具，简单与丰富皆备。在反复推敲中，找到最恰如其分的字词来表达。

想要让议论文有气势，就要做好"养""蓄""研"，在点滴中建构起自己的文章天地。

台阶21

根深卉木耀英华

以探究性思维引领论述走向深入

名师指导

○ 文质兼美是议论文应该具备的要素

○ 探究性思维是将议论引向深入的关键

○ 建构『追问式』写作支架是让论述深刻的有效路径

扫二维码
听名师讲解

📝 写作困境

中学生的议论文常常论据丰富新颖，文笔瑰丽优美，但充斥的是未经剖析的现象，是肤浅的平面化表述，缺乏深刻的思考、独创的见解，更没有鞭辟入里的分析。这种写作现状呈现出目前中学生议论文写作的核心困境在于缺乏思维的深度。

其原因有两个方面。一是缺乏对富有思考价值的问题的探究与反思，缺乏深入论证的意识和洞察力。

古希腊哲学家普罗泰戈拉说："大脑不是一个要被填满的容器，而是一束要被点燃的火把。"面对生活中光怪陆离的现象，同学们常常乐于接受新事物，却不去思考事物发展变化的原因，不去探究现象背后的本质。在阅读和写作中，很多同学会囿于自己感兴趣的情节和人物，对真正富有思考价值的问题往往缺乏发现与洞察，缺乏追问、探究的意识。

二是满足于浅表化、流行化、人云亦云的说法。

思维的惰性让很多同学习惯了从众的表达，很多同学片面地认为议论文只需要用华丽的排比，用名人名言、典故来拼凑，却忽略了真实而独立的思考和表达才是我们应该追求的，才是使论述走向深入的正途。

🎯 核心指要

1. 关注富有思维价值的文章，深度阅读，养成充分讨论的习惯

思维深刻性的培养首先需要在日常学习中积累和落实。同学们要关注课内外经典篇目，进行深入阅读、深

入思考，挖掘文章的深刻旨归和作者的主体意识。对于写作而言，富有思考价值的文章不仅是培养思维能力的渠道，也是写作的有益范本。例如《拿来主义》，鲁迅想论述的是"拿来主义"，文中却用很大的篇幅写"闭关主义""送去主义""抛来""抛给""送来"等，通过分析鲁迅这样写的原因和这些词语的内涵，就不难明白鲁迅借由各种现象和问题来说明拿来主义的重要性的论证思路和意图。此外，在深入阅读、充分进入文章的过程中，我们要进行多元分析和充分交流。思维碰撞的火花是燎原的星火，在讨论中，我们的思维能力会得到提高。

2. 寻找深入探究问题的思维角度和支撑，把握探究的方向

同学们分析社会现象或问题的时候，往往是明白要透过现象看本质的；但在具体的写作实践中，呈现的困境是不知道如何深入探讨，怎样走向本质。在写作学习中，可以寻找思考和探究的角度，例如提炼、概括事物的特点，分析现象的成因、影响和价值意义，预计未

来发展方向，再进行由表及里的探究，从"自我与他者""个体与群体""物质与精神""外因与内因""现实与理想"等几个维度来建立事物之间的多元联系。这样可以让我们的探究有方向、有抓手，论述走向深入也就水到渠成了。例如，论述关键词"突围"时，我们可以借助逻辑支架，从"物质上、客观上的突围"和"精神上、思想上的突围"两个角度展开论述。

3. 注重列提纲，引入"虚拟论敌"并建构"追问式"写作支架，让论证更严谨

提纲呈现的是论证结构和思维网络，研究提纲就是在研究写作思路。写作开始之前要先列好论证提纲，不断地讨论和修改提纲，有意识地进行深入的挖掘。初步列好提纲后，再通过引入"虚拟论敌"的方式，以"论敌"的视角发现论证的漏洞，形成追问意识，避免肤浅论证。例如，苏洵《六国论》的开头，就通过"或曰"引入虚拟论敌，提出"六国互丧，率赂秦耶"这一疑问，再通过反驳这一疑问，有力支撑了自己的论证。我们在构思、写作议论文时，引入"虚拟论敌"，也可

以让自己的论述更严谨、构思更完善。例如我们提出"理性引领人上升"的论点，引入"虚拟论敌"提出反例——凯库勒在梦境中领悟到苯的分子结构，由此将表述修改为"理性引领人上升，并不否定非理性有时候也可以促使人前进"。借助"追问式"写作支架，针对核心概念追问内涵，针对论据事例追问反例，针对论证结构追问逻辑关系，等等，从而完善论证思路，促使论证走向严谨。如此一来，写出高质量的议论文就有了保障。

4. 不断修改作文，完成具有纵深逻辑思维和深度见解的文章

在写作训练的提升阶段，反复打磨和修改作文是我们完成具有纵深逻辑思维和深度见解的文章的必要过程。同时，同学之间优秀作文的分享和交流，也能够从客观的角度帮助我们促进观点的深刻和论证的严密。在不断自我追问和与他者交流的过程中修改作文，让文章逐渐形成完整有机、逻辑清楚、层层深入的结构，我们最终会写出具有纵深逻辑思维和深度见解的文章。

🔍 典型案例

（一）作文第一稿

历尽千帆，归来仍是少年

刘小渔

罗曼·罗兰曾说："世界上只有一种英雄主义，就是在认清生活的真相后依然热爱生活。"当我们经历无数风吹雨打，即使躯体已疲惫不堪，心灵也应依旧保留对生命最真诚的热情。

历尽千帆，是人生中不可避免的事情。人生一定不是一帆风顺的，最终结果亦不尽相同，"尚未佩妥剑，转眼便江湖"。人们总是在自己还未准备好时，便迎来了暴风雨般的挫折，感受到真实的痛苦。但一个人最宝贵的地方便在于他的精神，在失败后仍对生活充满希望，始终拥有少年的精神品质，历尽千帆，归来仍是少年。

历尽千帆，仍然像少年一样敢于对残酷的生活发起挑战，对现实抱着热情。贝多芬作为世界上最伟大的音乐家之一，创作出无数优美的乐曲，但他在自己的创作高峰期迎来了失聪的痛苦。就像上天开了个玩笑一样，一位音乐家丧失了听力。他发过牢骚，极度愤怒过，但又对生活发起了挑战，他用牙齿咬着木棒创作乐曲，《命运交响曲》便是他如少年一般的心对上天的宣言："我要扼住命运的咽喉，它绝对不能使我屈服。"用痛苦换取欢乐，用不屈面对生活，是他历尽千帆后，如少年般火热的激情。

历尽千帆，仍然像少年一样怀揣着纯朴的初心。回看古代，大诗人苏轼几经贬谪，在遭受政敌陷害、皇帝错怪后，一路颠沛流离来到了岭南。在失意之时，偶然听到歌妓柔奴的一句"此心安处，便是吾乡"，苏轼大受感动，提笔写下"试问岭南应不好，却道：此心安处是吾乡"的动人词句，不忘自己善良、纯真的初心。放眼现当代，邓稼先、钱学森等人在美国留学，面对美国的威逼利诱，仍几经坎坷，坚定回国，为中国原子弹事业贡献自己的力量，保持了爱国的初心。历尽千帆，仍质朴纯洁。

　　"世界以痛吻我，我却报之以歌"，身为少年的我们更应怀着少年的心灵与精神品质，肩负自己的责任，面对挫折不放弃，怀着赤子之心，一路披荆斩棘。

　　愿我们历尽千帆，归来仍是少年。

问 题 评 析

　　这篇作文围绕"历尽千帆，归来仍是少年"展开论证，对于"少年"内涵的理解准确，文章的结构层次清晰，论据也印证了论点。但是文章缺乏深入的探究，忽略了"历尽千帆"与"少年"的关系。文中大量"历尽千帆仍是少年"的现象式论据，呈现出堆砌论据、论证浅显的问题。

　　文中所举贝多芬、苏轼、邓稼先、钱学森等人的事例看似遍及古今中外，非常丰富，但这些经历一番磨难或困境之后仍然保有初心和激情的人只是"历尽千帆，归来仍是少年"中的"几个"，作者没有挖掘他们身上的核心特质，他们永远不能成为"一类"，再多的例子也只是现象的堆砌。

提升建议

1.透过现象挖掘本质

在构思论证时，可以借助深入探究问题的思维角度，引导论证走向深入。这需要我们挖掘现象背后的深层意蕴、特点、成因、价值、影响等可以让人逐渐触及本质的东西。

2.养成追问意识

这篇习作的论证要致力于探究"为什么历尽千帆之后仍是少年"，即因为具备了怎样的特点或品质，所以即便历尽千帆，归来仍是少年，而不能单纯地列举哪些人历尽千帆仍是少年。

3.论证要有层次

在完善提纲时，综合所积累的"少年"的素材，挖掘他们的共性与特质，进而分门别类，呈现论证的层次。当然，在探究原因之前，要对核心概念做出准确而深入的解读。核心概念的深入理解，是思维展开、多角度论证的根基。何为少年？为什么他们仍是少年？"历尽千帆，归来仍是少年"的意义和价值是什么？

4.注意例证的充分

目前这篇习作主要的论据只有苏轼和贝多芬，例证单薄，不足以分类、分组。补充例证的同时，文中每一个分论点后面补充的论据也要更精准、更丰富。

此外，"历尽千帆"的内涵也可以更丰富，除了指经历了磨难，也可以指经历了繁华等。例如《红楼梦》中的贾宝玉，对于他而言的"千帆"便是所历的繁华。

（二）作文第二稿

历尽千帆，归来仍是少年

刘小渔

常言道："花有重开日，人无再少年。"少年似乎总是在生活的风霜雨雪后磨平了棱角，藏起了最开始的锋芒，随波逐流于茫茫人海，因此有人说："历尽千帆，归来不再是少年。"但我却要说："历尽千帆，归来仍是少年。"

所谓历尽千帆，是指人在生活中不断前行的过程。而少年能够历尽千帆却仍然不变，究其本源，便在于其绝非仅仅度过一段岁月或时光，更磨砺了一种心境、精神。一次一次的扬帆起航和收帆靠岸不会使少年所独有的勇敢与不屈、纯粹与激情磨灭，反而愈发地显现出其独特的魅力。"沉舟侧畔千帆过"后，少年心中的"万木春"正在无限地生长着。因此，少年历尽千帆，归来仍是少年。

历尽千帆，饱经痛苦与沧桑，少年的无畏仍熠熠生辉。罗曼·罗兰曾说："世界上只有一种英雄主义，就是在认清生活的真相后依然热爱生活。"他一生为争取人类自由、民主与光明进行不屈的斗争，对人类进步事业做出了突出贡献。他撰写的《名人传》更是将英雄少年精神体现得淋漓尽致。无论是贝多芬的《命运交响曲》、米开朗基罗的《大卫》雕像，还是托尔斯泰的《复活》，都是创作者在经历了命运的风吹雨打后，仍贯颐奋戟，以少年之心对社会发出的英勇无畏的呐喊。正因直面过真实的磨难，少年才以一种精神面貌在伟大的人心中长存，使他们以少年之姿昂首走过一生。

　　然而，"千帆"所代表的绝不只有痛苦，它可以是任何丰富我们人生阅历的事与人，这些阅历成为我们认识世界、塑造人格，最终通往真理的路。最初的少年之心并不会因为经历人生百态而变得复杂；相反，只有见证过世界的繁华与落寞，有了足够开阔的胸襟，我们才能更好地理解与世界的相处之道，以更为纯粹的激情面对精彩人生。就苏轼而言，若无少年时祖父苏序、父亲苏洵树立的读史论经之家风，便难有以后的文学造诣；若无与歌姬柔奴的真诚交谈，便难有"此心安处是吾乡"的豁达自适；若无与好友出游却碰巧遇雨的窘迫，便难有"一蓑烟雨任平生"的勇气赞歌。他一生宦海沉浮，却依然拥有开阔的胸襟；他被一贬再贬，颠沛流离，可每到一处都能生活得有滋有味。"老夫聊发少年狂，左牵黄，右擎苍，锦帽貂裘，千骑卷平冈"，这是少年独有的自信洒脱。少年在"千帆"之中不断成长，少年的形象才愈发饱满，少年之心才愈发坚定。

　　"尚未佩妥剑，转眼便江湖。"许多人害怕在现实中摸爬滚打，丧失少年的初心。但我们终归要知道，少年是在历尽千帆的途中蓬勃生长的。只因有历尽千帆的阅历，人们心中的少年才得以从懦弱变为勇敢，从偏安一隅成长为海纳百川，终不改初心。

　　"恰同学少年，风华正茂。"纵历尽千帆，我们永远是少年。

文 心 闪 耀

　　　　开头以驳论的形式提出中心论点，否定凡俗的认知，明确"历尽千帆，归来仍是少年"，作为立论的核心，阐明了对"少年"的理解。诗意化地表述出"少年"的内涵，即勇敢与不屈、纯粹与激情。

　　"正因直面过真实的磨难，少年才以一种精神面貌在伟大的人心中长存，使他们以少年之姿昂首走过一生。""只因有历尽千帆的阅历，人们心中的少年才得以从懦弱变为勇敢，从偏安一隅成长为海纳百川，终不改初心。"作者进行了有意识的由果溯因，很好地挖掘了"历尽千帆，归来仍是少年"的原因，也就是从现象走向了本质。尤其可贵的是，作者没有固守少年的外在表现，而是看到了少年的内在生长。正是历尽千帆让少年之心愈发坚定，也由此建构了"少年"与"历尽千帆"之间的关系。

在论证过程中，文章的说理性很强。文章分论点提出后，围绕论点阐释论据，剪裁得当，没有造成论点和事例的脱节。

另外，文中对"千帆"也做了多角度的解读——既包括痛苦、磨难和沧桑，也包括任何丰富我们人生阅历的事与人；之后用苏轼的经历加以佐证，对于苏轼而言，诽谤贬谪让他的生命深沉，熔铸了他的乐观与旷达。多角度的思考，呈现了思维的全面与深刻。

📋 规律总结

1. 关注时代，扩充视野，促进思维的深入

思维的深入需要扩充视野，避免孤立的眼光，要注重阅读与思考，关注社会和时代的发展。在时代语境下，思考所阅读的内容，剖析各类社会现象，培养思维能力，让思考在这样的探寻中走向深入。

2. 寻找自我有认知、有发现的话题，追问下去，才能有真诚而深入的思考

很多时候人们对问题的思考是被动的，特别是作为学生的我们，往往被动地接受老师的提问，思考老师要求思考的问题，这样的思考难免缺乏探究的主动性。因此，同学们要去寻找自我有认知、有发现的话题，这样才能有追问下去的动力；在追问和寻找答案的过程中，不欺骗自己的内心，才能保证思考的真诚、自然。在不断的真诚的追问下，思维会逐步深入。

本讲精要 ✎

　　在日常写作训练中，同学们常会陷入缺乏思维深度的困境，具体表现为缺乏深刻的思考与独立的见解。问题的根源一方面在于思维的惰性。我们习惯性地接受事物发展变化的现象，而缺乏对现象背后成因、本质的追问，缺乏深入分析论证的意识。另一方面在于表达。语言的背后是思维，我们错误地认为议论文只需要用事例和名言拼凑，却忽略了真实而独立的思考才是使议论文的论述走向深入的途径。为此，我们可以从课内经典篇目入手。在教师讲授内涵丰富的篇目时，主动培养提出问题的意识和思考、解决问题的能力，透过文字挖掘文章的核心观点。有了提出问题甚至不断追问的意识，还要寻找深入探究问题的思维角度和支撑，从而找到探究的方向；寻找并掌握论证的角度，探究现象的根源，由果溯因，使论证逐步合理、深入。此外，写作前的提纲完善，写作后的内容修改也是改进写作结构，促进文章逻辑严谨、论证深入的必要途径。

台阶22

爱的勇气 和思考的生长

议论如何达到有独到的思考

名师指导

○ 展现思想需要基于观察与积累

○ 融入生活，保持热爱，使思想更细腻、丰富

○ 思辨与交流不可或缺，确保思考的深度和准确性

○ 运用多种论证方法，形成独特语言风格

扫二维码
听名师讲解

✏️ 写作困境

　　一提起写议论文，大多数同学的思维流程是选择一个与题目相符的比较安全的论点，再选择一些比较安全的论据，将它们拼接成一篇议论文，往往忽视了"议论"真正的价值——针对某一问题或现象，调动自己的积累和认知，形成自己的观点，并用最具说服力的论据和最恰当的论证方式，将属于自己的独特的认识表达出来。这种"忽视"就形成了写作议论文时缺少独特的思考和独到的见解，立意和内容雷同的核心困境。形成这一困境的直接原因如下：

1. 议论式写作的"随意化""从众化"和"被动化"

议论式写作主要分为生活中的写作和学习中的写作。在日常生活中，同学们经常会在"朋友圈"、微博等网络场域发表自己的观点，这些议论式写作多处于随意的状态，发表的观点、表达的认识很多是没有细致梳理事实、认真思考观点的，这就会造成一定程度的独特思考的呈现不足。而学习中的议论文写作大多是针对课本、试卷或老师提供的某一题目进行的写作，同学们更多是应试化地、被动化地思考某一问题，自己发现问题、思考问题的意识不足。

2. 缺少对个体独到思考的开掘

日常的议论文学习和写作更注重格式和文章逻辑，在构思和立意上缺少对个人独特思想的开掘，造成同学们思想固化，不会也不敢表达自己独特的思考。

同学们作为生命个体，在思想成长的过程中，个性化思维和思考的沉淀不足，以致在写作议论文时思想趋同，内容千篇一律。

🎯 核心指要

1. 品鉴学习，提升表达的能力

　　诗圣杜甫有言："读书破万卷，下笔如有神。"要提升认知、学习写作，读书是最有效的方法之一。这里所说的读书当然不是照抄照搬别人的思想，而是通过读书更准确、更细腻、更深刻地了解和认识自然与人类社会；在读书的过程中，我们应该对他人的观点进行吸收、鉴别、思辨，从而形成自己的独立思考和认知，并且能在写作议论文时将自己的这些独特认知有效表达出来。

　　反思一下我们读书的过程，是不是有时浮皮潦草走过场？有时人云亦云，欠缺思考？比如阅读《论语》时，我们看了看每一则的意思，听了听老师讲的主题内容，然后就认为自己懂了。看到某人、某事、某种思想就开始贴"标签"，说这不就体现了儒家的×××思想吗？其实，这时候我们应该比较多个大家的翻译，形成自己的理解，将某些主题思想放在生活和事件中去认识。那时你会发现：原来一句简单的"无友不如己者"可以有不同的解释，可以体现孔子多维度的交友观。再比如阅读《边城》，你把沈从文乡土小说的独特性概括为浪漫、忧伤，可是你有没有深入思考这种独特性产生的原因？经过查证资料、比较阅读，你会发现沈从文的生活经历、小说中主人公的年轻化、景色描写的清新化、小说半开放式结尾等，组成其小说的独特性。请在阅读的时候比较、总结、质疑其他评论家的观点，以形成自己的认识吧！

当我们在阅读的过程中有意识地完成了上面的思考过程，我们的独特思想就产生了，独立思考的意识也会逐渐形成。

2. 培养将"心中所爱"写入文章的勇气和能力

在个人成长越来越受重视的今天，很多同学在更小的时候，就开始有自己热爱和钻研的领域了。越来越丰富的艺术熏陶，越来越宽广的读书视野，丰富了同学们的生活和精神世界，这些都是写作的独特素材。比如擅长和热爱弹奏钢琴的同学可以关注以下素材：学习弹奏钢琴的过程，著名的钢琴曲目诞生的趣事，著名作曲家、弹奏家的生平等，对这些素材的深入分析、评价就是属于你们自己的独特观点。但是在写作时，这类独特的生活体验往往被同学们"隔离"在写作之外，这时如果能有意识地鼓励自己从热爱和钻研的领域里挖掘素材、深化认知，可以从一定程度上改变议论文写作立意和内容雷同、缺少独特思考的问题。

其实，同学们可写的独特素材还有很多：家乡的风土人情，带你长大的姥姥姥爷、爷爷奶奶的故事……静下心来想，有意识地去积累，要深入挖掘、认识，要有勇于将其写进作文的意识。

3. 培养勤于积累、观察、思考的习惯，培养在写作上的创造性思维

在日常教学中，我们可以围绕某一领域或问题积累各类不同的认知，比较、鉴别、思考，在积累、交流和碰撞中，在思维从发散到聚拢的过程中，培养自己的创造性思维，形成自己的独到见解。同学们可以准备一个小小的随身本放在口袋里，在阅读和生活中遇到有意思的事件、观点和认识时随手记录下来，在写作的时候翻一翻，比较、筛选、升华。一段时间后，同学们会发

现自己的思考逐渐变得丰富、深入、有独特性。

4. 关注思想的成长性特征，不断修正和丰富自己的思想

在日常生活中，同学们应不断与他人、书本和生活对话，通过质疑、思辨、演绎、综合等思维训练方式，不断修正和丰富自己的独到思考；通过记录、练笔、反复修改等形式，让个人独到思想的表达更具特色，更有说服力。有一个有效的方法叫"延后反思"，即过一段时间就把自己写过的曾经认为思考非常深入、努力挖掘了自己独特认识的文段、文章拿出来，再读一读，结合这一段时间新的积累，思考自己曾经的认识和表述是否准确、深入，是否展现了自己的思考。

典型案例

（一）作文第一稿

一个"真"字见精神

梁雅宣

"千教万教教人求真，千学万学学做真人。"这是教育家陶行知先生的谆谆教诲，说得真好。短短数语，道出了教育求学、做事为人之道：真。

犹记得陶先生的名句："捧着一颗心来，不带半根草去。"讲的是为人师的真心奉献精神，我还想续上一笔："踏踏实实学习，认认真真做人。"这不单单是对学习者的要求，我想，更多的是让每一个"我"用"真"心做事、为人。

"真"之精神，在于一丝不苟、追寻探索。黄旭华先生三十载深山守候，带领团队攻坚克难，手中的算盘和计算尺，成为认真计算的制胜法宝，精细复杂的核潜艇模型，经反复测试终具雏形。荣登2020年"感动中国人物"榜的国家测绘局第一大地测量队，也在时刻践行"求真"之道，从20世纪70年代的徒手测绘，到如今的有精密器具的帮助，珠穆朗玛峰高度由8848.13米，到8848.43米，再到8848.86米，一毫一厘，严谨认真。队员们瘦了，队伍缩小了，先锋逝去了，而生命不息、探索不止的"测绘精神"，却在雪山的严酷洗礼下越发熠熠生辉。

为国奉献，求真探索。一个"真"字，贯串了个人奋斗的始终，也彪炳了一代英雄的人生价值，构建了人类的精神丰碑。

"真"之精神，还在于落于实处，设身处地为百姓干真事、付真情。古有韩愈易俗除旧，救民脱腐朽；有苏轼千里奔赴，留下苏堤的佳话；更有林则徐禁烟治水，救民保国。今有抗癌医院旁万佐成、熊庚香一家的袅袅炊烟；有塞罕坝三代护林人不惧风沙，植树造林。他们无一不是在困境中坚守真我、发光发热的人。"真"的舍己奉献、扶危济困精神，就在这一代代伟大而又平凡的人物中，如"接力棒"般交付传承，化为整个时代的滚滚江流，奔涌不息。"真"，一个普通的字眼，包裹着浓得散不开的人间大爱。

"真"在新的时代下，应有新的内涵、新的追求。我曾欣喜地看到真人在真实的场所做着令人感动的真事，使真情薪火相传；我也曾深恶痛绝那些学术造假、欺人善心的恶行横世。"真"之精神，在新的时代，究竟呼唤怎样的理解？——真实地做事为人，真诚地相帮相助。或许"真"也可作为新的核心价值观，被人们广为传颂。

一个"真"字见精神。将真之精神传播开来，需要你我、社会和这个时代的共同发力。愿终有一天，"真"的种子播撒在神州大地的每一片角落，让"真"之精神，激励人心。

问 题 评 析

作文题目要求写作者由陶行知先生的"千教万教教人求真，千学万学学做真人"的真言入手，思考"真"的行为表现，挖掘"真"背后的精神。写完后，这篇作文的作者说："我感觉我写得不太清楚，也写得不太过瘾。我当时的想法是要找到一些可以用的素材，再去挖掘'真'背后的精神。但是，有些素材我只是略知一二，不是很熟悉。这篇作文也是按照我认为的大家认同的思想和模式写的。"这位同学关于自己创作的这篇文章的分析是很到位的。

我们可以看到，这篇作文虽然有意识地呈现"真"的行为，但是，很多都流于表面。文章中的黄旭华、国家测绘局第一大地测量队的种种行为到底与"真"有怎样的关系？背后又有怎样的精神？韩愈、苏轼、林则徐等人为百姓干真事、付真情的精神与今天万佐成、熊庚香等人真心助人的精神是否相同？这些能体现思考，让文章有独特思想、深刻认知的地方，出现了牵强、趋同、不够清晰等问题，而这背后的原因是创作者没有真正调动起自己的思想，缺少独特的、深入的思考和挖掘，文章的思想性、思辨性和说服力也就因此打了折扣。

提升建议

该如何解决上面所说的问题呢？我们可以和习作的作者一起思考以下两个问题：第一，阅读文章中呈现的素材，对于他们的"真行为""真精神"，我们有怎样的"真"思考？第二，关于"一个'真'字见精神"这个题目，我们热爱的领域里有没有属于自己的独特的素材和认知？

这两个问题直接指向了我们在构思议论文时的两个方向：第一，如何在常见的素材中构建自己独特的、深入的思考；第二，如何从自己热爱、钻研的领域出发，寻找切合议论题目的方向，挖掘属于自己的独特的认知，在文章中展现有个人特色的观点和内容。

无论是在惯常的材料中展现自己的思考，还是从自己热爱、钻研的领域出发，在完成议论文时，我们都需要经历以下思考环节：第一，思考题目要求我们对什么发表议论；第二，思考我的观点能否真实、准确、有创造性地表达我对这一内容的真正的、独特的思考；第三，思考我选择的论据、呈现的内容是不是从我的内心出发并进行深入思考的，它们能不能证明我的认识、表现我对题目的最真实的思考。

比如上面这道作文题，针对第一稿中的论据，我们就可以探究：这些论据为什么让我想到了"真"？

背后的品质、情怀、精神风貌到底是什么？我所列举的人物做了哪些"真"事情？这些"真"体现了怎样的精神？这些精神又启迪我们如何去看待社会中的"真""假"，如何做真事、成为真人？认真思考和回答这些问题，这些惯常的素材也能让我们拥有属于自己的思考和认知；再根据一定的逻辑顺序调整结构，采用恰当的论证方式，我们就可以解决第一稿中存在的逻辑不清晰、借用别人的思想、浮皮潦草等问题。

当然，我们还有第二个修改方案。习作的作者在回答关于"一个'真'字见精神"这个题目，你热爱的领域里有没有属于自己的独特的素材和认知这个问题时，内心非常激动，她说："我想起了看过的很多书，可以写吗？"答案当然是可以的。她最大的爱好就是读书，把爱好写进文章中，这是最能展现独特思考的方式。当然，将热爱和钻研的内容写进文章，依然需要思考切题、清晰、深入、有思想的问题，要实现情趣与理趣的充分结合。比如，针对上面的作文题，以"书"为思考的出发点，我们就需要思考：书中有哪些"真"？这些"真"中展现了怎样的精神？读书人从这些"真"

和精神中获得了怎样的人生和社会启悟，学会了哪些道理？这样才能让我们的文章更真实地展现属于我们自己的思考，更具说服力和感染力。

（二）作文第二稿

一个"真"字见精神

——从《红楼梦》之"真"探曹公之精神

梁雅宣

"教人求真，学做真人"，这是很多经典的文学著作教给读者的做人真理。皇皇巨著《红楼梦》，便以生活之"真"让我们看到曹公之精神。

以生活之"真"见对青春之悲悯。翻开《红楼梦》，什么最入人眼、最入人心？一定是青春中的真实的美好。曹公以最细腻的笔墨，展现着大观园里宝玉和众多女子美好的青春。当宝玉不愿从众，自我觉醒；当黛玉因误会怒剪给宝玉做的香囊；当泼辣娇俏的晴雯因赌气撕扇子解恨；当见海棠之美，探春兴致大起，办起海棠诗社；当性情刚烈的金钏不甘忍受侮辱投井而亡……看到这里，我们就仿佛领略了最真实的青春：迷茫、叛逆、欢乐、不屈、反抗，对爱情的无限向往与保护……曹公是写青春的高手，他的青春不在高喊的口号里，而在生活中的每一件真实的小事里，在每个人真实的情绪里。正因其真实，当这样的青春不得不走向悲剧时，我们就更读懂了曹公的悲悯。他悲悯鲜活又美好的女子的悲剧命运，他悲悯青春中的一切美好最终都"白茫茫一片真干净"，他悲悯宝黛知音之爱必然会走向破灭。我们读完全书，从一首首青春之歌中抽离，重新品味"千红一窟（哭），万艳同杯（悲）"之曲，就真真切切地懂得了，曹公在创作《红楼梦》之时，早已将个人之悲，变成了对天下青春之人的满腔悲悯。

以生活之"真"见对人生之悲悯。也许有人会问：见人生之悲悯与见青春之悲悯有何不同？我想说，对生活中种种真实的细腻呈现，体现了曹公对众生之悲悯，这悲悯跨越了青春，更伟大而细腻。当变成了"死鱼眼睛"的邢夫人为自己的丈夫张罗娶鸳鸯；当贾母以慈爱保护着孙辈们的自由和欢乐；当一向好强的凤姐放下身段，为孩子向刘姥姥求名儿；当贫穷的刘姥姥到贾府讨生活，知恩图报，救回巧姐……从中可见，曹公是写生活的高手，他的生活不在波澜起伏之中，而在细腻真实的细节之中，我们便从这些最真实的生活细节里，看到曹公对天下众生的悲悯：他悲悯他们惯常的麻木，悲悯天下母爱的真实美好，悲悯人生的豁达慈悲，悲悯生活的不易……

当然，展现生活的真实，更让我们看到曹公敢于表达自我认知，敢于打破陈规旧俗。在《红楼梦》里有一个让人印象深刻的情节，即老太太批评才子佳人的故事。是的，在《红楼梦》出现之前，爱情故事和书籍大多是才子佳人反叛家长管教、冲破封建礼教束缚、私定终身的香艳故事。而《红楼梦》中的爱情故事则展现了争吵、怀疑、笃定等种种真实的细节，这些生活之"真"的展现，更让我们看到曹公敢于突破陈规、表达自我认知的精神。

《红楼梦》是一本大书，绝不仅仅是因为这些，更是因为在洋洋洒洒的"荒唐言"里，我们看到了真实的、复杂的生活，读到了一颗博大的、细腻的、对生活满怀悲悯的心，读到了曹公突破常规的伟大，读到了"真"和它背后的精神；亦明白人生如写作，应拥有求真之心，应拥有悲悯之情。

满纸荒唐言，一把辛酸泪。都云作者痴，"我"解其中味。

文 心 闪 耀

在完成第二稿之后，作者说："我似乎写得有点儿过瘾了。我真正体会到了'我以我笔写我心'的感受。虽然，在写作这篇文章的时候，我能清晰地感受到自己的不足。"

是的，我们阅读上面的文章，也会发现一些不足，但是，这份改后稿却让我们真真实实地读到了作者对于"真"及其背后精神的独特的、真实的思考。

她将自己阅读《红楼梦》时的体验、思考与题目进行了有机结合，深刻展现了自己对红楼之真、曹公之真的认识，并据此挖掘了"真"背后的精神和思想——展现真实的生活，展现生活中的真实，敢于打破常规和腐朽，对人生充满悲悯。

📄 规律总结

1. 钻研热爱的领域，使心中所爱成为独到思想产生的源泉

阅读、绘画、歌唱、旅游……在生命的历程中，我们总应有一种热爱的事物，它会让我们的心灵更加丰盈。我们热爱它，以之陶冶情操；我们研究它，关注它发展的历史，通过个人感知和阅读研究，思考它在个人生长、群体生活、人类进步等方面的意义，形成有着丰富个人体验的独到认知。情与理和谐发展，形成的独特感知和思考，会成为我们创作的思想源泉。

2. 敢于开创，敢于表达，提升自己的思考能力

日常生活中，我们要防止思想固化，要围绕某一领域或问题不断积累多方面的内容和观点，并在比较、鉴别、综合的过程中，拓宽自己的思路，形成自己的独到见解。我们要明白，写作应该是源于生命的独特思考，面对一个题目，面对一个现象和事件，我们要勇敢表达自己的独到见解，并在与他人思想的交流、碰撞中，不断完善自己的思想。

3. 学习积累，修正提升，让议论正确、独到、鲜明

　　我们可以通过阅读、借鉴、交流，不断提升表达个人独到见解的能力，让思考落于笔端，使议论真正变成个体独到思考和观点的阐释和论说，在阅读和观察中丰富自己的思想，在学习和交流中提升自己的思想，学习表达自己思想的方法。

本讲精要 ✏️

　　经常有同学说："我觉得要在议论中表达自己的思想好像有点难。"当然，写议论文本身就有点难，要表现自己的思想则更难。因为我们所说的表现自己的思想，不是浅层的标新立异、夺人眼球，而是要有观察、有积累、有生活、有热爱、有思辨、有交流、有方法。

　　1. 有观察、有积累

　　观察和积累是形成个人认知的基本途径。唯有细心留意、观察，我们才能认识自然万物、人生百态，在观察中形成思想的积累。当然，这里所说的积累也指阅读的积累。书是自然、人生、社会和思想浓缩成的精华，读书能让我们认识更丰富的自然、人生、社会和思想，能引导我们有意识地将原始的认识变成有价值的思考。观察和积累，是人形成独立认识和思想的开端。

　　2. 有生活、有热爱

　　真心投入生活能让一个人拥有更细腻、更丰富、更真实的思想，而热爱、钻研的领域也会成为独到思想产生的源泉。投入生活，投入大自然的怀抱，投入时代的浪潮，这样我们可以真正感知自然的魅力，把握时代的脉搏，激发出创造性的思考，也会使思想更加真实，更具时代特色。成为投入生活的青年，成为心有所爱的青年，是我们产生独特思考的过程中尤为重要的一环。

3.有思辨、有交流

人的思想不是闭门造车就能获得的。我们在看到一种现象的时候，在听到和看到无数人的观点的时候，要避免常规思维，避免人云亦云，应该从事实出发，鉴别和质疑众多观点，通过分析事实，形成属于自己的思考和认知。当然，我们更应该学会交流，在交流中取长补短，丰富和修正自己的思想。

4.有方法

在议论文中表现自己的观点，呈现属于自己的独特的素材，将有个人特色的情趣和理趣有机结合，是需要方法的。我们要了解议论文的基本结构，比如"是什么—为什么—怎么做"，也要正确和恰当地运用举例、类比、对比、比喻等多种论证方法，还要在写作练习中不断地修正自己的表达方式，形成属于自己的独特的语言风格，这样才能让我们的文章呈现出思路清晰、逻辑清楚、有独特思想的特征。

台阶23

在与世界的博弈中找到自己

如何在时代面前展示自我

名师指导

○ 摒弃假我，唤醒真我

○ 精神建构，积累沉淀

○ 开阔眼界，思考表达

扫二维码
听名师讲解

✏ 写作困境

　　当下很多同学在写作时找不到自己，看不见真实而独特的自我；尤其是议论文写作，写出来的作文千篇一律，缺乏个性和思想。

　　究其原因，表面上看是很多同学陷入了对写作认识的误区中。他们总希望能用模板和简单的论据积累求得议论文的速成，这种想法和写法导致了"贴标签"式的肤浅套作大量出现，满纸空话、套话、假话，就是没有真实的自己。深入分析，我们发现，在节奏快、压力大、信息爆炸的当下社会中，同学们要么早早奔着高考这个明确而单一的目标，两点一线，闭目塞听，埋头

"刷题"；要么在浮躁喧嚣的信息洪流中，无法甄别多元价值观的不同导向，深受消费主义和拜金主义价值观的影响，对生命意义、自我价值等问题全然麻木、迷茫。

一言以蔽之，很大一部分中学生在写作中缺乏自我发现，丧失了独立思考和判断的能力。他们没有真正去思考时代的特点、人生的价值、存在的意义、"我"与世界的关系以及"我"与他人的关系。

核心指要

我们要勇敢地面对自我和所处的这个世界，文章只有指向真实的世界、真实的自我和真实的思考，才能走向独特和深刻。

1. 思想叩问，与先贤对话

百余年前，梁启超先生在苏州学生联合会上演讲时，对青年学生殷切嘱咐："养足你的根本智慧，体验出你的人格人生观，保护好你的自由意志。"文章反映出一个人的思想内涵，与学习写作技巧相比，更重要的是要涵养阔大的人生格局与丰厚的思想内蕴。我们需要进行"溯源式"的阅读，回归经典，从中国传统文化中汲取营养，对影响力比较大的西方哲学思想也要有所了解，在与先贤的对话中筑造坚实有力的思想根基。

2. 价值建构，与世界对话

在这个价值多元化的信息时代，我们眼前的世界比以往任何时代都更开阔绚丽。我们可以很容易地从互联网上获取各个领域的信息，见识到不同的生命姿态。但是网络上的信息碎片真假难辨、良莠不齐，社会中功利主义、消费主义等不良思潮泛滥，手机短视频等"速食"文化无孔不入、吸引眼球，这一切都冲击着我们尚且稚嫩的"三观"（世界观、人生观和价值观）。

当代中学生既不能闭目塞听，也不能随波逐流，我们需要在与世界的对话中建构内心的价值体系，在"三观"形成的重要时期"扣好人生的第一粒扣子"。我们只有在消费主义、拜金主义等思潮中把握住自己，在与外界诱惑、干扰的对抗与博弈中，坚守底线，不忘理想，才能发现并建构一个善良、坚强、丰厚的"我"。

3. 心灵成长，与自我对话

很多时候，我们写不好作文，不单是技能、词汇方面的问题，它和我们精神上没有形成一个独立的自我密切相关。写作，本质上就是要找到一个精神上的自我并且借助语言将这个自我表达出来，所以不是仅仅靠训练"技法"就能够解决问题的，我们需要正视自己的心灵，与自我对话，把那个真正属于自己的内在世界唤醒了、唤出来。

我们只要真实面对自己内心的骄傲与软弱，不断迎接挑战、战胜自己，便会逐渐修炼出一颗健康、蓬勃而有韧性的心。

🔍 典型案例

（一）作文第一稿

选择理想

付子怡

理想是灯火，是诗意，是远方。当一个人在面临选择时，是坚守自己的本心，坚定地朝理想努力，还是暂缓脚步，听取周围的声音？在坚持与妥协中，一个人能够坚守住自己的理想，他便拥有了前进的方向与奋进的动力。

在信息技术高度发达的今天，人们拿起手机便可知晓天下事，对各种"新闻"评头论足。"农村女孩钟芳蓉考上北大。"嗯……厉害！定睛一看，什么？居然报考考古专业？于是有人支持，有人反对，哗然一片。正因为坚守理想、不忘初心，面对众多推荐和众人议论，钟芳蓉才毅然选择了虽冷门但自己钟爱已久的北京大学考古学专业。

仲尼一生屡遭困厄，不如意者十之八九，但他从未放弃对仁义的追求，"知其不可而为之"。陶渊明迫于生活压力和文人自古以来的"济世"之心而出仕，却终抵不过田园的深情呼唤，因为他"少无适俗韵，性本爱丘山"。正因为对心中热爱的坚守，农村女孩钟芳蓉才在面对纷纷议论时，勇敢地选择了心中所热爱的，没有盲目选择热门专业。心向远方，也就不惧风雨兼程。

守护梦想、追逐远方的道路是艰难的，也是幸福的。梦想是最好的伙伴，兴趣是最好的老师，在通往目标的漫漫征途上，每一个脚印都会洋溢着满足与幸福。我们可以在自己所热爱、所坚守的事物中，找到自己的价值。在当今的社会，更多的青年选择"务实"，或被灌输了"金钱至上"的价值观，或被娱乐圈的纸醉金迷所诱惑。然而，在钟芳蓉这个女孩身上，你只会感受到她"内心无一物，何处染尘埃"的淡泊与骨子里的执着。她曾在采访中说道："我喜欢这个专业很久了，就报考了，没有想到会引起这么多人的关注。"一句平淡的话，流露出她内心的坚定。钟芳蓉选择的，恰是一门磨砺人性格与品质的专业，也恰是最能体现中华民族坚忍不拔、不忘初心的品质的专业。

选择是人生的必修课。不要害怕有人说你不够智慧，不用在意有人说你不够圆滑。选择理想，选择倾听内心的呼唤，这样才能拥有最饱满的人生。在这个充满怀疑的年代，我们仍需要坚守住自己的理想，看护好自己的信仰！

问 题 评 析

　　这道作文题基于一则新闻材料而来：高考取得高分的农村女孩钟芳蓉报考了北京大学考古专业，引发人们热议。题目表面上是要求我们去评说大学生如何选择专业，实际上是希望我们对青年在当今时代中立什么志、如何立志这一核心话题发表自己的认识和看法。本文将观点放在"选择理想"上，基本符合题意，但是，最突出的问题是立意比较浅、平，缺乏个性和思考。通篇都在强调"坚守理想信念"，显得有些空洞、俗套，如同空喊口号，缺乏思维容量。正是因为文中只有对钟芳蓉的肯定与钦佩，却没有写出一个真实的、独特的"我"，没有展现出

> 与钟芳蓉同为青年的"我"在时代中真实的思考与选择，没有展现出当代青年在世俗眼光和理想信仰二者博弈时的挣扎与痛感，自然缺乏打动人、说服人的力量。

提升建议

这道作文题为我们提供了一个很好的写作契机，让我们思考个人发展与时代进步、国家民族的命运之间的关系。青年选择志愿时其实无须喊口号、唱高调，说一些连自己都不相信的大话；只有真正扪心自问，正视自己的欲望与需求，才能产生真实的思考：在时代的洪流中，我该如何安身立命？

有同学不敢吐露心声：我想追求物质生活，这岂不是不够积极向上？我们知道，马斯洛提出的需求层次理论也是从衣食住行等生理需要发展到尊重的需要、自我实现的需要的。追求物质生活是人生存的必然，这种真实的心理没什么好遮掩的。只有先坦诚地面对自己，不自欺欺人，我们才能在与先贤、与世界、与自我的对话中，逐步开阔眼界、修炼品格，建构出一个美好强大的自我。

1.与先贤对话

人人都想过上幸福的生活，我们要思考：选择热门专业，将来"日进斗金"是否就是幸福？我们可以借助西方哲学思想去重新审视"幸福"的定义。西方一个哲学流派认为，人身上最高贵部分的满足才是幸福，那就是精神上或道德上的完善。英国哲学家约翰·穆勒说："不满足的人比满足的猪幸福，不满足的苏格拉底比满足的傻瓜幸福。"精神上的追求是无止境的，不会有彻底满足的时刻，这样的人比光有肉体欲望的傻瓜和猪幸福。幸福观其实取决于价值观，中学生要提防自己早早就陷入只追求低等欲望满足的价值层面。

《世说新语·品藻》中记载了这么一个故事："桓公少与殷侯齐名，常有竞心。桓问殷：'卿何如我？'殷云：'我与我周旋久，宁作我。'"桓温以外在的声誉和荣耀为自我评价的重要标准，不免显得功利而狭隘。人生在世，千万种诱惑侵蚀着我们的心，自我的"周旋"，非是与他人比，冲破内心"魔障"的自我完善才是终极目标。"我与我周旋久"的第二个"我"也许是外界世俗之束缚、内心阴暗之角落、积习难改之毛病……"我"与"我"的周旋，是无法摆脱的对抗，是持续不断的博弈……而"宁作我"正是发现自己、找到自己、建构自己。

2.与世界对话

如果你对时事热点新闻感兴趣，对网络热点话题有评论的热情，那不妨开眼看世界，拥抱现实生活，对时事大胆发声，勇于发现与表达，学做一个善思考、能辨别、会理性表达的人。

这时，我们可以进行时评读写的练习，阅读关于"双十一'剁手'""凡尔赛炫富"的新闻材料，思考几个问题：非理性消费会给个人和社会带来哪些影响？追求财富、金钱、物质条件就是错的吗？什么是优雅、高贵、精致的生活？

对财富的追求本身没有错，但拜金主义或金钱至上观念就大错特错。迷失在财富的世界中，沉浸在消费的海洋里，是价值观的扭曲。与其沉浸在自己编织的梦里享受他人的羡慕，不如脚踏实地去努力拼搏。君子所争者为道，让自己的灵魂充盈而有内涵，对金钱、权力、地位的追逐只能是下者。

3.与自我对话

我们习惯于被他人评估，却少有机会静下心来肯定自我的价值，与自己进行一次关于存在意义的促膝长谈。

认识自我有时很艰难，这需要冷静理性的头脑，需要岁月的不断磨砺；活出自我有时也很简单，不必向世俗发起冲锋，不必摇旗呐喊、虚张声势，只需在心灵中存有一处清净之地，为真实和自由留出一片纯净的精神家园足矣。

人生美丽的风景不只在巅峰呈现，财富、金钱、地位等也绝非幸福的必备要素。一生能享受到多少灿烂风景，在于你对世界和自我的感知和认识，真正的热爱才是幸福的源泉。

（二）作文第二稿

我与我周旋久，宁作我

付子怡

在时代的洪流中，有被千浪拍击而矢志不渝的磐石，亦有被岁月磨平了棱角终被埋没一隅的细沙。你可以嘲笑磐石固执、不懂变通，也可以讽刺细沙圆滑、精于世故，这毕竟是个人的抉择。

在信息技术高度发达的今天，人们拿起手机便可知晓天下事，对各种"新闻"评头论足。"农村女孩钟芳蓉考上北大。"嗯……厉害！定睛一看，什么？居然报考考古专业？于是有人支持，有人反对，哗然一片。这就是世俗之我与本真之我产生冲突的典型。

何谓世俗之我？即别人眼中的你，外界规定的你。总有人用片面而功利的视角去评判你该做什么、不该做什么。何谓本真之我？即按照你内心的最强烈的意念，与世俗偏见、无理规范周旋斗争许久的真实自我。

本真之我可贵，贵在它能让人从外界喧嚣的评议之中跳出，披荆斩棘，直面本心。陶渊明因生活压力和文人自古以来的"济世"之心而出仕，却终抵不过田园的深情呼唤，因为他"少无适俗韵，性本爱丘山"。"竹林七贤"一个个恃才放旷，不顾世俗礼法，亦是直面真实自我的典范。李清照身为女子，从小写诗饮酒，以女儿之身思公卿之责，遇人不淑后不惜以坐牢为代价，提出与第二任丈夫离婚。他们不畏世俗的眼光和压力，毅然选择本真之我，如今钟芳蓉坚持报考世人眼中冷门的考古专业，不正和他们有异曲同工之处？

世俗之我可鉴——以此为鉴可完善本真之我。故宫文物修复师闵俊嵘被质疑："不会弹琴，也能修复古琴吗？"他不气不恼，开始自学古琴，令质疑者哑口无言。所以我们也不应屏蔽所有外部环境中的声音，在这些不同的声音中，往往能找到完善本真之我的途径。

每个人都是不同的，个体的价值追求也是因人而异的。人生的修炼在于不断发掘本真之我，实现个人的价值。这个过程中，难免会遭遇与世俗之我的纠缠，这些都是正常的现象。要追求本真之我，也不可闭目塞听，这样才能做出最好的决定。

我与我周旋久，宁作我。

文 心 闪 耀

　　本文面对农村女孩钟芳蓉选择考古专业引发社会热议的材料，巧妙地用《世说新语·品藻》中的"我与我周旋久，宁作我"为题，紧扣"世俗之我"与"本真之我"展开论述，写出了深刻的思考和独特的个性。青年成长过程中，往往无意间追求着世俗眼光的认同，甚至任外界声音左右着自己人生的方向。与"我"周旋，是孕育于踌躇之间的勇敢，是悦纳自己的过程，更是突破自己的过程。而"宁作我"是久经周旋后的豁然开朗，是即便受尽非议依旧笃定的确信无疑，更是与纠缠已久的功利世俗之心的彻底决裂。"世俗之我"与"本真之我"周旋之后的"宁作我"，对当代青年而言是何等的珍贵，又是何等有气魄啊！

📋 规律总结

1. 从空话套话转向真实思考

同学们放弃东拼西凑地去"贴标签"、喊口号，真实的思考才有可能发生，才会避免写出千人一面的俗套文章。立意指向是我们对题目最核心问题的认识和思考，这里最重要的是看见一个独特的"我"——"我"的情感态度、"我"对问题的看法。如果总在文章中重复别人说滥了的观点，"立"的就不是自己的"意"，当这种写作风气盛行，文章千篇一律也就不足为奇了。鲁迅先生在《作文秘诀》一文中指出，写文章要"有真意，去粉饰，少做作，勿卖弄"。只有真实地去面对世界、面对自己，去思考现实社会中的真问题，我们才能慢慢地发现别人有意忽略或习焉不察的"小角落"，写出独特而深刻的认识。

2. 从无知浅薄转向积累沉淀

写作体现的是我们的认知水平和人生价值观念，我们如果长时间浸泡在"速食"文化和信息碎片的洪流中，缺乏辨别力和思考力，就难免会在文章中频频"说胡话""讲歪理"。清代沈德潜在《说诗晬语》里说："有第一等襟抱，第一等学识，斯有第一等真诗。"意思是，有第一等的胸怀抱负、第一等的学问知识，才会写出第一等真正的好诗。我们首先要回归经典，与先贤对话，汲取思想的养分，获得思想的厚重，让文章多一份文化底蕴。专题阅读和时事评论等读写练习也很有必要，我们可以通过探触社会热点话题，拓展看问题的角度，激发思维的灵活度。

3. 从技法提升转向建构自我

写作过程是一个自我发现的过程，也是一个自我建构的过程，所以很难单纯依靠技法训练来提升写作能力。干瘪枯萎的心灵如何在文章中滋养出丰沛润湿的大地？"词窘的原因很多，但与情瘪、思浅、志短密切相关。写作的启动，便是完整意义上'人'的觉醒与启动。"[①]"'方法'表面可以解决语言问题，但我们获得的

---

① 连中国，《语文课Ⅰ：让孩子走向成熟并再次天真》，中国人民大学出版社，2015 年。

只能是一个虚华的外表，因为思想、见识才是真正的语言之母。"[①]当我们凭借文字将独特的自我展示出来，我们就是在写作中实现了自己。

[①] 连中国，《语文课Ⅲ：隽永的兴味与坚强的思考》，中国人民大学出版社，2019年。

本讲精要 ✏️

1.摒弃假我，唤醒真我

在写作观念上，要摒弃说空话、"贴标签"式的写作习惯，明确所有的题目归根结底是指向自我——"我"的认知和思想。我们提笔写作，就是要在世界、在时代中发现自己、找到自己，用笔唤醒那个真正属于自己的内在世界。只有这样，才会少一些假人假话，多一些真实的发现和思考。

2.精神建构，积累沉淀

为了培养高雅的人生趣味，提升人生格局和思想内蕴，我们需要与先贤对话，培养出善良、坦荡、正直的品格；同时，我们需要在消费主义、拜金主义等思潮中，与外界的诱惑、干扰进行对抗，在与世界的对话中建构内心的价值体系；此外，要勇敢面对自我，与自己对话，重视内在的精神成长。

3.开阔眼界，思考表达

中学生的视野不能局限于校园书斋，我们要关注世界与时代的发展变化，把握时代特点，思考个人命运与时代、国家发展之间的关系。有了开阔的眼界和胸襟，我们才会在文章中走出狭小的格局，书写出阔大的情怀抱负与时代精神。